«Este libro es una brillante síntesis de lo antiguo y lo nuevo. Los autores han actualizado la potente y positiva filosofía del estoicismo para el público de hoy en día, manteniendo sus raíces, pero impregnándolas de ideas procedentes de enfoques contemporáneos como la terapia de aceptación y compromiso (TAC). Es un libro de ejercicios excelente y fácil de usar que, entre otros beneficios, te ayudará a vivir según tus valores, a desengancharte de los pensamientos nocivos, a gestionar las emociones difíciles, a autocompadecerte, a emplear tus valores esenciales como brújula y a vivir una vida plena. ¡Muy recomendable!».

Russ Harris, médico, terapeuta y autor de *ACT Made Simple* y *The Happiness Trap*

«Un libro de ejercicios muy útil que combina la sabiduría antigua y la psicología moderna para ayudarte a adquirir más conocimiento y resiliencia. Sintetiza de una manera excelente el estoicismo y a Sócrates con los métodos de la terapia cognitivo-conductual (TCC), como la TAC y la terapia dialéctico-conductual (TDC). Un libro que recomendaré a mis clientes de terapia y a mis colegas terapeutas».

Tim LeBon, autor de *365 Ways to Be More Stoic*, acreditado terapeuta de TCC que trabaja en la sanidad pública y privada. Director de investigación de la Modern Stoicism y la Aurelius Foundation

«Miles de años antes de que existiera la psicoterapia, la sabiduría práctica de la filosofía estoica cambió vidas y moldeó civilizaciones en todo el mundo. Escrito por prestigiosos expertos internacionales en filosofía socrática y en psicoterapia basada en la evidencia, este libro saca partido de la sabiduría estoica y de lo mejor que la ciencia psicológica puede ofrecer. Es un método que te ayudará sentir en profundidad y a vivir con sabiduría. Los ejercicios, recomendaciones y prácticas de este libro ayudarán a sus lectores a afrontar mejor sus expectativas poco realistas y sus respuestas erróneas a las frustraciones inevitables de la vida cotidiana. Hay que felicitar a los autores por su importante contribución. ¡Muy recomendable!».

Dennis Tirch, PhD, doctor en Psicología, director de The Center for Comassion Focused Therapy.

«*El estoicismo paso a paso* de Waltman, Codd y Pierce es una magnífica introducción a la aplicación de las ideas clásicas de los estoicos griegos y romanos en nuestra vida diaria, enfocándose en la construcción de resiliencia, aceptación y sabiduría. Este libro, ameno y práctico, ofrece ejercicios y reflexiones que guiarán a los lectores a enfrentar de manera más efectiva sus expectativas poco realistas y a gestionar las frustraciones inevitables de la vida cotidiana. Es un verdadero placer reconocer la valiosa contribución de los autores en este campo. Sin duda, es una lectura altamente recomendable».

Robert L. Leahy, doctor en Psicología, autor o editor de veintinueve libros, incluido *If Only…: Finding Freedom from Regret*, *The Worry Cure* y *The Jealousy Cure*

«Este libro es un viaje fascinante y enriquecedor hacia los orígenes filosóficos de la TCC, concretamente, el estoicismo puesto al día. Las enseñanzas estoicas actualizadas hacen de guía de la psicoterapia moderna y facilitan los medios para reforzar la resiliencia en los pacientes. Se trata de un viaje que vale la pena emprender».

Donald Meichenbaum, doctor en Psicología, director de investigación del Melissa Institute for Violence Prevention de Miami, Florida

«Este libro es una guía perfecta para navegar por los inevitables desafíos de la vida. Sus reconocidos autores han logrado combinar de manera excelente la sabiduría del estoicismo con la de Sócrates para presentar un modelo perfecto de estabilidad y consistencia en tiempos de crisis. Si deseas aceptar la incertidumbre y aumentar tu resiliencia en tiempos de crisis global o personal, tienes que leer este libro y llevar a la práctica sus consejos».

Mehmet Sungur, profesor de Psiquiatría en la Universidad Istanbul Kent de Estambul, miembro del Beck Institute International Advisory Committee y del consejo ejecutivo de la World Confederation of Behavioural and Cognitive Therapies

«Scott Waltman, R. Trent Codd III y Kasey Pierce han elaborado un libro de ejercicios agradable, amable y reflexivo partiendo de sus extensos conocimientos sobre la filosofía estoica. *El estoicismo paso a paso* ilustra la siguiente cita de Nöel Coward: "El trabajo es más divertido que la diversión". Los ejercicios de este libro te guiarán hacia la radiante sabiduría de los estoicos. Al leer cada página, sientes que ellos mismos están contigo, guiándote. *El estoicismo paso a paso* estimula un conocimiento más profundo de esta corriente y puede motivarte a hacer un cambio radical en tu vida».

Karen Duffy, autora de *Wise Up, Backbone* y *Model Patient*, bestsellers del *New York Times*; defensora de pacientes con dolor y asesora espiritual certificada; miembro del consejo de Stoicares, organización que promueve el estoicismo como filosofía de cuidado y bienestar

«*El estoicismo paso a paso* es una obra de arte sobre la autoayuda. Sus autores logran presentar el estoicismo y la flexibilidad cognitiva de tal forma que guían al lector en un viaje de conocimiento y autoconciencia. No te sorprendas si al final adoptas el estoicismo como manera de pensar y vivir. Te recomiendo encarecidamente que disfrutes del viaje».

Carmem Beatriz Neufeld, doctora en Psicología, profesora adjunta de la Universidad de Sao Paulo, directora del Cognitive Behavioral Intervention and Research Laboratory y presidenta de la Latin American Federation of Cognitive and Behavioral Psychotherapies

EL ESTOICISMO PASO A PASO

Cómo la sabiduría de Sócrates ayuda a desarrollar la resiliencia y a superar los contratiempos

SCOTT WALTMAN
R. TRENT CODD III
KASEY PIERCE

REM*life*

The Stoicism Workbook. How the Wisdom of Socrates Can Help You Build Resilience & Overcome Anything Life Throws at You

El estoicismo paso a paso: Cómo la sabiduría de Sócrates ayuda a desarrollar la resiliencia y a superar los contratiempos

Loreto 13-15, Local B. 08029 Barcelona – España
revertemanagement.com

Edición en papel
ISBN: 978-84-10121-20-1

Edición en ebook
ISBN: 978-84-291-9861-4 (ePub)
ISBN: 978-84-291-9862-1 (PDF)

Editores: Ariela Rodríguez / Ramón Reverté
Coordinación editorial y maquetación: Patricia Reverté
Traducción: Betty Trabal
Revisión de textos: M.ª del Carmen García Fernández

Impreso en España – Printed in Spain
Depósito legal: B 1968-2025
Impresión y encuadernación: Liberdúplex
Barcelona – España

131

Dedicado a quienes creían que la filosofía estaba fuera de su alcance,
pero buscaron consuelo en momentos de adversidad.
Este libro es para ti… como lo es la sabiduría antigua.

Y para Hector.

Contenidos

Prólogo

Hasta hace menos de veinte años, el estoicismo era un tema poco conocido en la filosofía académica. Mucha gente tenía libros de estoicos famosos como Marco Aurelio y Séneca, pero nadie consideraba el estoicismo como una *corriente* en el ámbito actual de la superación personal. No obstante, esto pronto cambió gracias a la aparición de las redes sociales, que posibilitan que personas de cualquier parte del mundo que hayan leído a los estoicos creen comunidades online. En 2008, William B. Irvine publicó *El arte de la buena vida: un camino hacia la alegría estoica*, el primer bestseller moderno sobre el estoicismo. Pocos años después, el libro *El obstáculo es el camino: el arte inmemorial de convertir las pruebas en triunfo*, de Ryan Holiday, fue también un gran éxito internacional, lo que confirmaba al estoicismo como género de la autoayuda moderna. Y ahora hemos llegado al punto en el que es casi imposible estar al día de todos los libros y artículos que se publican cada año sobre el estoicismo.

El caso es que fue Albert Ellis, uno de los pioneros de la terapia cognitivo-conductual (TCC), quien sentó las bases para este renacimiento del estoicismo, ya en la década de los cincuenta. Ellis, tras sufrir una desilusión con la terapia del psicoanálisis en la que había sido formado, decidió cambiar de rumbo y empezar de cero. Entonces desarrolló lo que en ese momento se conocería como «terapia racional» y que más tarde se denominaría «terapia de comportamiento racional-emotiva». Ellis había leído mucho sobre psicoterapia y otros temas relacionados, en concreto sobre filosofía. Recordaba haber tenido, siendo joven, su primer encuentro con los escritos de Marco Aurelio y Epicteto. Y entonces, mientras buscaba una alternativa a la tradición psicoanalítica, estos autores le parecieron de repente más relevantes que nunca. Enseguida reconoció, feliz, que los estoicos se habían anticipado a sus ideas clave: «Muchos de los principios que he incorporado a la teoría de la psicoterapia racional-emotiva no son nuevos; de hecho, algunos los habían enunciado hace ya varios miles de años los filósofos griegos y romanos»; y cita a Epicteto y Marco Aurelio como sus influencias en este sentido (Ellis, 1962:35). (Parece que Ellis estuvo menos interesado en Séneca, el otro famoso estoico cuyos trabajos han pervivido).

No hay duda de que el estoicismo fue una de las principales inspiraciones filosóficas para el nuevo enfoque psicoterapéutico que Ellis estaba desarrollando. Cuando Aaron T. Beck publicó su influyente libro *Terapia cognitiva para los trastornos de personalidad*, dijo también que «los fundamentos filosóficos [de la terapia cognitiva] se remontan a miles de años atrás, sin duda a la época de los estoicos, que consideraban que la clave de los trastornos de personalidad del ser humano no eran los acontecimientos en sí, sino la percepción (o percepción inexacta) de los mismos» (Beck, 1976:3). En particular, la famosa cita de Epicteto que utilizaron tanto Ellis como Beck para explicar la función de la cognición en su teoría de la emoción, y en la psicopatología, se convirtió casi en un cliché entre los terapeutas: «No son los acontecimientos los que atormentan a los hombres, sino la opinión que se forman acerca de ellos». A pesar de que esta cita se encuentra en innumerables libros sobre terapia cognitivo-conductual, es casi la *única* referencia al estoicismo que hace la mayoría de ellos. Este posterior olvido del estoicismo sorprende por varias razones:

1. Ellis, pionero de la terapia cognitivo-conductual, se refiere mucho al estoicismo en sus escritos, recurriendo a los textos de Epicteto y Marco Aurelio, así como a muchos otros conceptos y prácticas propios de esta corriente de pensamiento.

2. Puesto que el estoicismo y la terapia cognitivo-conductual comparten prácticamente la misma *premisa* sobre la función del pensamiento en los problemas emocionales, es muy probable que lleguen a *conclusiones* similares sobre cuáles son las mejores soluciones; por lo tanto, tenemos que suponer que vale la pena investigar las prácticas contemplativas estoicas para obtener ideas sobre estrategias y técnicas terapéuticas.

3. Puesto que el estoicismo no es solo una terapia, sino toda una filosofía de vida, ofrece un marco para convertir la TCC en una práctica permanente de superación personal y desarrollo de la resiliencia emocional.

4. Las personas que no se sienten atraídas por la literatura convencional sobre autoayuda o psicoterapia, pero sí por el estoicismo, encontrarán en este una ayuda psicológica muy beneficiosa, similar a la que puede ofrecerles la TCC. Por ejemplo, el estoicismo es popular entre la población reclusa y los militares, puesto que ambos colectivos evitan la autoayuda o la psicoterapia al considerarlas (de forma equivocada) un signo de debilidad.

5. Con el desarrollo de una «tercera ola» de la TCC, que incluye la atención plena y demás métodos basados en la autoaceptación, ahora se da importancia a otras estrategias, como el desarrollo de la atención plena y la clarificación de los valores personales, que guardan un sorprendente parecido con aspectos destacados del antiguo estoicismo.

Los autores de este libro son dos psicólogos expertos en terapia cognitivo-conductual y una persona no experta que ha venido aplicando el estoicismo a sus problemas cotidianos. Confío en que ayude a sus lectores a descubrir cómo se complementan la filosofía estoica y la psicoterapia cognitiva. Al incluir también las ideas de la TCC de la reciente «tercera ola», los autores contribuyen a ampliar la comparativa entre el estoicismo y la psicoterapia moderna. Al mismo tiempo, al llamar la atención sobre el valor del estoicismo y el cuestionamiento socrático para el desarrollo de la *resiliencia emocional*, contribuyen a reducir la distancia entre la práctica clínica y la superación personal, haciendo que la combinación estoicismo-TCC sea más relevante y aplicable a un público mucho más amplio.

Donald J. Robertson
Autor de *Piensa como un emperador romano: la filosofía estoica de Marco Aurelio*

Introducción

¿Te inquietan los asuntos externos que están fuera de tu control? Dedícate a adquirir conocimientos nuevos y beneficiosos, y deja de andar siempre dando tumbos.

Marco Aurelio, *Meditaciones* 7.2

En el año 165 de nuestra era, durante el gobierno de Marco Aurelio como emperador, una epidemia devastadora, conocida como la «peste Antonina», afectó al Imperio romano. Algunos informes cifran el número de muertos en más de cinco millones. De la misma manera que nuestra reciente pandemia ha provocado numerosos trastornos sociales, aquella peste que cayó sobre Roma generó inseguridad económica, inestabilidad política y malestar social. Marco estaba estudiando filosofía estoica y eso fue lo que le ayudó a mantener su ecuanimidad para centrarse en lo que podía controlar. No se rindió, sino que lideró a una nación y a sus casi treinta legiones recurriendo a su cultivada sabiduría, su coraje y, en última instancia, su resiliencia. En ese periodo fue testigo de la muerte de algunos de sus hijos, así como de su mujer, Faustina. A pesar de estas pérdidas, cumplió con sus obligaciones como emperador, asumiendo la carga del liderazgo y proporcionando estabilidad en tiempos de crisis. Aquella pérdida masiva de vidas estaba fuera de su control, no así lo que podía hacer por el bien de Roma.

Hoy en día, además de estar recuperándonos de la pérdida de vidas humanas y puestos de trabajo, y de la división que ha provocado la polarización política, nos encontramos también luchando por salir adelante a pesar de los problemas cotidianos y el caos. Como miembros de comunidades, familias, relaciones, equipos y demás, se espera de nosotros que proporcionemos estabilidad en tiempos de crisis. Pero ¿qué pasa con nuestra estabilidad interna? ¿Se mantendrá firme para que tengamos el valor de afrontar la adversidad? ¿Seremos capaces de florecer y prosperar en medio del caos que nos rodea y de los problemas a los que nos enfrentamos? La respuesta es *sí*.

Este libro es la guía que te ayudará a afrontar estos retos. Ofrece una serie de herramientas que te guiarán para forjar una mentalidad estoica, la cual te proporcionará la flexibilidad psicológica que necesitas para absorber cualquier golpe inesperado con sabiduría, e incluso para superarlo siendo más fuerte. En esto consiste la resiliencia. *Este libro es para todas las personas que necesitan resiliencia estoica*: para la madre que lucha con desesperación tras perder su trabajo por la pandemia, para el padre recién divorciado que se enfrenta a un futuro incierto, para el estudiante que necesita la claridad de ver sus contratiempos como oportunidades, y para el enfermo terminal que requiere valor para afrontar su destino en paz.

CAPÍTULO 1

Estoicismo y resiliencia emocional

Elige que no te hagan daño, y no te lo harán.

No te sientas afectado, y no te afectará.

Marco Aurelio, *Meditaciones* 4.7

El estoicismo es una antigua corriente filosófica basada en la superación personal ante la adversidad. Esto se consigue adoptando la siguiente perspectiva (que es un aspecto central de esta corriente): «No son los acontecimientos los que atormentan a los hombres, sino la opinión que se forman acerca de ellos» (Epicteto, *Enquiridión* 5). Lo cual significa que, si nos permitimos plantar cara a nuestra ira, tristeza o frustración iniciales, podremos desarrollar una respuesta más racional a las circunstancias desfavorables, manteniendo así la paz interior y permitiéndonos salir adelante. El objetivo de una vida estoica no es, pues, evitar las emociones negativas o el malestar, sino hallar la fuerza y la estabilidad centrándonos en lo que tenemos bajo control. Una vida estoica se caracteriza por desarrollar virtudes como la sabiduría, el coraje, la justicia y la templanza. Si bien hoy en día la gente utiliza el término «estoico» para referirse a alguien que es insensible, el verdadero Estoicismo (con E mayúscula) requiere inteligencia emocional y resiliencia. Una persona estoica es la que está en contacto con sus sentimientos, pero elige actuar con sabiduría y no de manera impulsiva. Esta filosofía se ha de practicar y se ha de vivir.

En este libro trataremos los puntos esenciales del estoicismo y la forma de poner en práctica esta filosofía para vivir una vida significativa y resiliente. Sabemos que cada día surgen problemas que nos preocupan, como el tráfico, las quejas y los contratiempos, pero Marco Aurelio nos recuerda que «el universo es transformación; la vida, suposición» (*Meditaciones* 4.3). En otras palabras, aunque el mundo y el entorno personal cambien, a mejor o a peor, cada individuo decide cómo percibir las cosas. Tenemos el poder para mantener la paz interior y una sensación de tranquilidad aun en tiempos difíciles. Ser estoico no implica hacer la vista gorda ante la injusticia; también es una filosofía de actuación. Esta postura resulta, además, muy compatible con ciertos principios modernos, como el de la «aceptación total»: una perspectiva estoica nos permite reducir el sufrimiento innecesario para así concentrar la energía en lo que de verdad importa.

¿Cómo de estoico eres ahora?

A lo mejor lo eres más de lo que crees. Tal vez hayas vivido experiencias que te han hecho ser inmune a ciertas tensiones. Antes de seguir ahondando en el libro y en los principios estoicos, veamos cuán estoico o estoica eres ahora. Puedes hacer estos ejercicios más de una vez. Encontrarás copias en PDF de muchos de ellos, así como material adicional, en inglés de este libro: http://www.newharbinger.com/52663.

Test personal sobre el estoicismo

Puntúa cada una de las siguientes afirmaciones en una escala de 0 a 5, siendo 0 = no estoy de acuerdo y 5 = estoy de acuerdo.

1. Si está fuera de mi control, no dejo que me preocupe.
2. Otorgo el beneficio de la duda cuando creo que me han hecho daño.
3. No siento la necesidad de formarme una opinión sobre todo.
4. El hecho de que yo sienta algo no implica que sea cierto.
5. No tengo miedo a tomar decisiones por el bien común, aunque sean irrevocables.
6. Practico la conciencia emocional.
7. Antes de reaccionar analizo las cosas en su conjunto.

Puntuación

25–35: Estoico/a con E mayúscula

20–24: ¡Casi estoica/o!

0–19: Principiante

«¿Dónde puedo encontrar a un hombre como Sócrates?» El origen del estoicismo

Zenón de Citio fue un rico comerciante fenicio que fundó el estoicismo tras un suceso que le ocurrió y del que consiguió «recuperarse»: una tempestad en el mar le despojó de todas sus valiosas mercancías, compuestas de raros y codiciados tintes. Naufragó y se convirtió en un don nadie arruinado que tuvo que empezar de cero en Atenas, donde había quedado atrapado. Mientras deambulaba por sus calles se topó con un librero que le dio a leer la filosofía de Sócrates, quien más tarde sería aclamado como el «padrino» del estoicismo. A Zenón le gustó el enfoque de Sócrates sobre la ética y la interpretación de los acontecimientos, y cuenta la leyenda que le preguntó al librero: «¿Dónde puedo encontrar a un hombre como Sócrates?». El librero le señaló a un individuo a través de la ventana, Crates de Tebas, un famoso filósofo. Así, Zenón estudió con Crates durante décadas, hasta que inició su propia escuela filosófica, denominada «estoicismo». Sus clases y debates se daban en la Stoa Poikile, un pórtico pintado de Atenas. A sus seguidores se los conocía como «estoicos». Pero existe una línea de sucesión directa entre Sócrates y Zenón: Antístenes fue discípulo de Sócrates, y Diógenes el Cínico (y fundador del cinismo) aprendió de Antístenes; Crates de Tebas, que enseñó a Zenón, aprendió de Diógenes. Así, la línea sucesoria sería: Sócrates → Antístenes → Diógenes el Cínico → Crates de Tebas → Zenón de Citio → Estoicismo.

Basándose en las enseñanzas de Sócrates y de otros filósofos previos, los estoicos produjeron una gran cantidad de escritos, aunque solo se conservan algunos fragmentos. Con el tiempo, el estoicismo se expandió de Grecia a Roma, donde ganó popularidad entre la clase política. Cicerón, un cónsul romano cuyos escritos habían tenido un impacto significativo en la teoría legal y la política, estudió estoicismo en Atenas y proporcionó a esta corriente filosófica algunas de sus ideas clave.

A pesar de que la mayoría de aquellos trabajos se perdieron, se conserva un cuerpo de literatura considerable, correspondiente a tres filósofos estoicos del periodo de la Roma imperial: Séneca el Joven, Epicteto y Marco Aurelio. Séneca redactó sus cartas y ensayos sobre el estoicismo mientras ejercía como tutor y consejero del emperador Nerón. Epicteto, que había sido esclavo, fue uno de los profesores de filosofía más influyentes de la historia romana, y sus *Discursos* y el *Enquiridión* siguen dando testimonio de sus ideas. Marco Aurelio, el emperador romano, dedicó su vida al estoicismo, habiendo estudiado los trabajos de Epicteto. Su libro privado *Meditaciones* sigue leyéndose como la obra que más se ajusta a lo que es esta corriente filosófica.

Tras un periodo de florecimiento de cinco siglos, el estoicismo perdió popularidad, pero resurgió en los tiempos modernos como una fuente de inspiración filosófica para la terapia cognitiva, forma de psicoterapia basada en pruebas y muy extendida. Epicteto incluyó en su *Enquiridión* una frase que se convertiría en la piedra angular del estoicismo y de la terapia cognitivo-conductual: «No son los acontecimientos los que atormentan a los hombres, sino la opinión que se forman acerca de ellos» (*Enquiridión* 5).

El estoicismo en minúsculas

La idea de que hay que «mantener el tipo» ante el dolor emocional suele ser un tema cultural. Suprimir las emociones se considera un acto de valentía, cuando en realidad no es más que una práctica de evasión extrema. Lo que se conoce ahora como «positividad tóxica» es una forma de estoicismo en minúsculas que consiste en evitar las emociones negativas a toda costa. Esa actitud de «solo buenas vibraciones» suprime y presiona las emociones negativas en nuestro interior, donde acaban enquistándose y provocando un dolor para toda la vida.

El verdadero estoicismo no pretende una vida sin emociones, desconectada de todo y vacía de sentimientos. De hecho, los antiguos estoicos no estaban para nada de acuerdo con esta idea, todo lo contrario: ellos defendían que no hay que actuar basándose en juicios precipitados o impresiones iniciales potencialmente erróneas; el objetivo del estoicismo es la habilidad de sentir las emociones sin dejar que te controlen. Así pues, el camino para edificar una vida de plenitud duradera está basado en esta conciencia, esta habilidad, y su nombre es resiliencia.

La relación entre el estoicismo y la terapia cognitivo-conductual (TCC)

El padre de la TCC, Albert Ellis, estuvo muy influenciado por los estoicos. También él creía que somos responsables de lo que sentimos ante una situación determinada, y que esos sentimientos guían nuestras decisiones. Así pues, gozamos de la libertad y la claridad para decidir qué valoramos y en qué vale la pena invertir las emociones. La TCC convierte las prácticas estoicas en herramientas modernas y accesibles que podemos aplicar a nuestra vida cotidiana.

La TCC ha evolucionado con el tiempo, como también lo ha hecho la sociedad. Al principio, se centraba en la modificación del comportamiento y los procesos observables. La «revolución cognitiva» introdujo la importancia de los pensamientos no observables, así como del diálogo interno. Figuras como Albert Ellis y Aaron Beck integraron estrategias cognitivas compatibles con el pensamiento estoico. Más tarde llegó una tercera ola de TCC que hacía hincapié en la atención plena y la aceptación personal, basándose en la idea de vivir bien aceptando los sentimientos, elegir los valores y emprender las acciones oportunas.

La filosofía no es más que una estructura para nuestra perspectiva; es la lente a través de la cual vemos el mundo, el enfoque que damos a la propia vida. Este libro se escribió para ayudarte a aplicar esta sabiduría ancestral a tu existencia, ofreciéndote una poderosa lente desde la que mirarla.

El estoicismo es una filosofía y una forma de vida. La terapia cognitivo-conductual proporciona las herramientas para desarrollar la resiliencia y algunos ejercicios inspirados en el estoicismo. De todas formas, estas herramientas cognitivas y conductuales solo funcionan si se practican. Sin la práctica constante es fácil caer en los antiguos patrones emocionales insanos y volver a luchar de nuevo contra los sucesos desafortunados, percibidos otra vez como desgracias. El estoicismo va más allá de las técnicas de autoayuda y nos pide adoptar una serie de valores éticos y vivir de acuerdo con ellos. Esta milenaria filosofía nos ofrece una estructura a partir de la cual desarrollar las habilidades necesarias para afrontar problemas, similares a las que proporciona la TCC.

Aaron Beck explicaba que el desarrollo de su enfoque terapéutico se basa en la idea, con la que coincidían otros investigadores, de que los pensamientos tienen un impacto significativo en las emociones: «Sin embargo, los fundamentos filosóficos se remontan miles de años atrás, a la época de los estoicos, que consideraban que la clave de los trastornos emocionales de los seres humanos no son los acontecimientos en sí, sino la opinión que se forman de ellos» (Beck, 1976:3).

El estoicismo nos propone centrarnos en virtudes y valores personales —en lo crucial para la propia vida— para no caer en la desesperación ante la adversidad. Después de todo, ¿qué es renunciar a la vida sino perder la perspectiva de lo que de verdad nos importa en el gran esquema de la existencia? En el capítulo 3 te ayudaremos a identificar con claridad tus valores y te ofreceremos una visión global de cada una de las virtudes estoicas (sabiduría, justicia, coraje y templanza). Por ahora, conozcamos el ejemplo de Lee en la siguiente historia:

La empresa de reformas de Lee estaba pasando por un momento delicado. Los recortes presupuestarios habían provocado despidos masivos y, por desgracia, también iban a prescindir de su puesto. Él había sido un empleado fiel durante casi diez años, tenía un buen plan de pensiones y estaba deseando que sus hijos se beneficiaran del programa de becas de la empresa. Sin embargo, en ese momento, en aquella fría e impersonal oficina, sentía que le iban a quitar la pensión, que le arrebataban las oportunidades de sus hijos y que sus diez años de lealtad no habían servido para nada. Miraba al techo y suspiraba mientras su superior le ofrecía su más sentido pésame. En aquel momento su mente estaba dividida entre dar una respuesta agresiva, llena de obscenidades, o emprender una salida enérgica y silenciosa. Reprimir ambas respuestas era para él como contener la respiración bajo el agua.

¿Había una tercera opción para Lee? ¿Una con la que no se sintiera asfixiado o hipócrita?

Lee intentó contener su ira y empezó a sentir que le oprimía, pero antes de expulsarla se detuvo un momento a reflexionar, y eso marcaría la diferencia de cara a su futuro. «Tengo que admitir que estoy sorprendido y decepcionado por la noticia —dijo al fin, en parte aliviado por su propia transparencia—. Reconozco que esta decisión no ha sido cosa suya, y agradezco la oportunidad de haber trabajado para esta empresa». Admite que nunca estará seguro de si aquella fue la respuesta adecuada, pero también sabe que fue la mejor que podía dar. Puesto que Lee valora la integridad y la honestidad, es consciente de que se trató de una respuesta con la que puede sentirse bien.

Ya hemos comentado que la resiliencia es la habilidad de adaptarse a las dificultades o a los retos que nos presenta la vida, tanto internos como externos, controlables o incontrolables. Pensemos un momento en el aprieto en el que se encontraba Lee.

¿Qué podía controlar de lo que le estaba pasando? Nada; no tenía ningún control sobre las decisiones que la empresa —que estaba sufriendo pérdidas— había tomado por él. No se trataba de que su rendimiento, que sí controlaba, hubiera influido en la decisión: las pérdidas del último año no tenían nada que ver con ningún trabajador, por muy valioso que fuera. Habría sido ilógico pensar lo contrario.

Ahora bien, ¿sobre qué cosas tiene control? Si bien no puede controlar el pasado, sí es capaz de plantearse qué hacer con esas experiencias, los hitos en la empresa y las revisiones anuales positivas. Lee es consciente de que cuenta con una trayectoria de cinco años como analista de sistemas, y de que la indemnización por despido le dará algo de margen. Recordando que siempre había deseado beneficiarse del paquete de prestaciones que tenía su primo, pero que temía demasiado dejar la empresa, Lee se da cuenta de que ahora tiene opciones… y nada que perder.

El estoicismo no consiste, pues, en buscar el lado bueno de las cosas, sino en centrarse en lo que puedes controlar y tomar decisiones acertadas. El peaje emocional de quedarse sin trabajo es real, y Lee lo sabe. Pero, de todas formas, está decidido a seguir luchando. Los aspectos de él que hicieron que resultara atractivo para ese trabajo harán que lo siga siendo para otros, y además ahora tiene más experiencia. Esta transición será difícil, pero saldrá adelante.

¿Qué controla Lee de la situación?

____

____

____

____

¿Qué ha ocurrido que esté fuera de su control?

¿Qué peligros podrían hacer que Lee se quedara bloqueado?

¿En qué se ha de concentrar sobre todo en este momento?

¿Qué pasos debería dar para lograrlo?

Lee es un ejemplo de resiliencia, la cual se presenta de muchas formas. Más allá de cómo respondemos a una situación o del modo en que la resiliencia nos permite replantearla, la resiliencia es lo que se demuestra en momentos de dolor o, por ejemplo, cuando una ciudad entera tiene que reconstruirse tras un tornado devastador. La resiliencia implica sentir el impacto, pero reorientar los sentimientos iniciales para salir adelante y prosperar a pesar de todo. La parte crucial de este proceso es, primero, hacer un inventario de lo que sí y lo que no podemos controlar de la situación. Este paso nos dará claridad y nos servirá como medida preventiva contra la autocrítica y el dolor sin propósito que alimentan la espiral del pesimismo.

¿Qué es la resiliencia?

Ser una persona resiliente no consiste solo en ser «fuerte y silenciosa», en «poner al mal tiempo buena cara» o en mantener «un avance imparable». Esta es, por desgracia, la idea que tiene mucha gente de la resiliencia.

¿Qué es la resiliencia para mí?

______

______

______

______

______

______

El famoso psicólogo Martin Seligman define la resiliencia como la habilidad de superar la adversidad y continuar funcionando de una manera positiva y productiva. En sus estudios sobre psicología positiva, Seligman enfatiza que la resiliencia no es solo la ausencia de emociones o experiencias negativas, sino la presencia de emociones positivas, y la capacidad de crecimiento y adaptación frente a los retos.

La clave de la resiliencia es la flexibilidad. Pensemos en el siguiente ejemplo: los los constructores de casas de madera utilizan clavos y no tornillos, porque los clavos son flexibles y permiten que la construcción se mueva en función de los fenómenos meteorológicos y las oscilaciones del terreno. Los tornillos, en cambio, no se pueden doblar, porque se rompen. Encontramos ejemplos similares en la naturaleza: los sauces son resistentes porque son flexibles y tienen unas raíces profundas y vigorosas. Así, un vendaval podrá derribar un roble, pero el sauce se mantendrá en pie.

Por tanto, la resiliencia es la habilidad para adaptarse a las experiencias difíciles o desafiantes de la vida, adoptando una práctica y un punto de vista flexibles. Es, pues, la capacidad para recuperarse de los momentos difíciles y no forzar una sonrisa a pesar del dolor.

¿Por qué es básica la resiliencia?

La adversidad adopta muchas formas, igual que la resiliencia. Si una persona te decepciona o pierdes una oportunidad, lo normal es que te sientas mal, le pasa a todo el mundo. Desde la muerte de un familiar hasta un tornado que arrasa la ciudad, nadie se libra de sufrir desgracias. De manera muy frecuente, no saber hacer frente a estos contratiempos para seguir adelante contribuye al desarrollo de trastornos mentales. Los acontecimientos estresantes debilitan a quienes tienen una resiliencia limitada. En cambio, las personas que cuentan con una buena dosis de resiliencia disponen de recursos internos a los que acuden de forma instintiva en momentos difíciles, lo que se traduce en niveles más bajos de ansiedad y depresión.

La buena noticia es que, aunque mucha gente no haya crecido en un entorno que favoreciera unos hábitos sanos para afrontar los problemas, ¡la resiliencia se puede aprender! Un estudio llevado a cabo por el Resilience Institute concluyó que las personas que se habían ejercitado para desarrollar la resiliencia experimentaron una reducción de entre el 33 y el 44 % en sus síntomas depresivos. Los participantes en el estudio también mejoraron su bienestar general: físico (43 %), emocional (40 %) y mental (38 %). En definitiva, trabajar la resiliencia puede marcar la diferencia entre sentirte incapaz de afrontar las situaciones adversas y seguir adelante a pesar del dolor.

¿Por qué quiero hacer los ejercicios de este libro?

____

____

____

____

¿Hay algo en particular que desee aprender?

____

____

____

____

¿Tengo problemas concretos que pretenda solucionar?

____

____

____

¿Tengo objetivos o ambiciones que quiera cumplir?

____

____

____

Incluso pretender estimular tu mente o ampliar tus conocimientos sobre el estoicismo o la terapia cognitivo-conductual es, en sí, un objetivo valioso. Si precisas cuál es tu ambición podrás abordar cada ejercicio con propósito e intención. Y también puede pasar que aquello que deseas obtener se modifique en el proceso.

En primer lugar, define lo que es alcanzable (objetivos) y lo que está en continuo desarrollo (valores y virtudes). Por ejemplo, el valor de ser buen padre no se logra con un único objetivo a corto o largo plazo; una de las cosas más difíciles de ser un buen padre es que requiere de un esfuerzo persistente. Por otro lado, en el cine y las novelas vemos que se necesitan grandes gestos para lograr una buena relación afectiva, pero en la vida real suelen tener mucha más importancia los pequeños detalles constantes. Y desarrollar la disciplina de esforzarse de manera continua para conseguir lo que más se valora es uno de los principios del estoicismo. Ahora solemos llamar «valores» a lo que los estoicos habrían llamado «virtudes». Las cuatro virtudes centrales del estoicismo son la sabiduría, la justicia, el coraje y la templanza. Y son los valores que trata este libro.

Aunque depende de ti elegir qué valoras más en la vida, si te inclinas a decir que es la ausencia de dolor o malestar podrías dar un paso más y preguntarte qué querrías obtener en su lugar. Por ejemplo, si inviertes demasiado tiempo y energía en las relaciones sociales, ¿qué otra cosa te gustaría hacer con ese tiempo y energía? La alternativa será lo que valoras, y la ansiedad, una barrera a superar. Sírvete del siguiente ejercicio para reflexionar un momento: «¿Cómo quiero que sea mi vida?» y «¿Qué impide que sea así?». Recuerda también que es una evaluación personal, que es solo para ti; no pienses en responder según lo que otra persona crea que es la vida «adecuada» para ti, o lo que tus padres o la sociedad querrían. ¿Cómo quieres *tú* que sea tu vida?

¿Qué valores quiero desarrollar? (¿Qué quiero?)	¿Cuáles son los obstáculos para alcanzar esos objetivos? (¿Qué se interpone en mi camino?)

Conclusiones del capítulo 1

- El estoicismo fomenta la resiliencia emocional, en contraposición a la supresión de las emociones.
- La resiliencia es una habilidad que se puede desarrollar.
- Ser resiliente es tener la flexibilidad psicológica para adaptarse a la adversidad.
- «No son los acontecimientos los que nos atormentan, sino la opinión que nos formamos acerca de ellos».
- Este libro se basa en aplicar conocimientos tradicionales y actuales que te ayuden a tener una vida plena.

CAPÍTULO 2

La paradoja del control y las prácticas estoicas para aceptar no tenerlo

Hay cosas que están bajo nuestro control y otras que no. En el primer caso se hallan las opiniones, las preferencias, los deseos, las aversiones y, en resumen, todo lo que es inherente a nuestras acciones. En cambio, fuera de nuestro control están el cuerpo, las riquezas, la reputación, las autoridades y todo lo que no es inherente a nuestras acciones.

Epicteto, *Enquiridión* 1

La paradoja del control reside en el peligro de intentar controlar lo incontrolable e invertir nuestros esfuerzos en ello. Esto nos lleva a perder un tiempo considerable intentando influir en unos resultados en los que no es posible influir, lo cual se traduce en una pérdida de control sobre los propios pensamientos, emociones y acciones. La dicotomía del control, su antítesis, es un concepto filosófico introducido por Epicteto que se suele aplicar en las terapias modernas; se refiere a que podemos dividir las cosas en dos categorías: las que están bajo nuestro control y las que no. De hecho, Epicteto empieza su *Enquiridión* con este concepto: «Hay cosas que están bajo nuestro control y otras que no lo están».

¿Son frustrantes los atascos de tráfico? Por supuesto que sí. ¿Podemos «separar el mar de coches» con la mente? Por desgracia, no. Cuando pierdes un vuelo, ¿puedes salir corriendo por la pista y agarrarte al ala del avión? No, sería ilegal, además de muy peligroso. ¿Podrías viajar con una máquina del tiempo para evitar decir aquello tan vergonzoso a la persona que te gustaba en el instituto? De momento no es posible. Por último, ¿experimentar ansiedad sobre el futuro es capaz de cambiarlo? Bien, aunque hay cosas productivas que podemos hacer para influir en el futuro, la vida es como es, y sucede como sucede. Estarás pensando que todas estas preguntas parecen absurdas, pero el caso es que, si no podemos hacer nada sobre lo que no somos capaces de controlar, ¿preocuparse por ello no es igual de absurdo?

No resulta sorprendente, pues, que la gran mayoría de las aflicciones se deban a la preocupación por elementos y situaciones que escapan a nuestro control. El autor y psicoterapeuta Tim LeBon citó este denominador común, observado en sus clientes durante más de una década, en su libro *365 Ways to Be More Stoic*:

«Como psicoanalista, cuanto más leo sobre el estoicismo, más reconozco que esta antigua filosofía resulta muy cercana a mis clientes.

Analizando los casos veo que muchos de sus problemas tienen la misma causa: intentar controlar lo incontrolable.

> La ira y la frustración: *creer que puedes controlar a otras personas.*
>
> La vergüenza y la culpa: *creer que tienes más control sobre el pasado.*
>
> La preocupación y la ansiedad: *pensar demasiado en aspectos del futuro que no puedes controlar.*
>
> La procrastinación: *intentar que todo esté perfecto antes de empezar; no puedes hacer que todo esté perfecto»* (LeBon 2022, 13).

Lo que sí está bajo nuestro control es lo que decía Epicteto en la cita que abre este capítulo: las opiniones, los deseos, las preferencias…; en pocas palabras, pensamientos y acciones. Nada más. Creer lo contrario es ir en contra de la lógica y agotar nuestra energía mental y emocional, lo que supone una pérdida de tiempo y recursos. Descomponer una situación en partes te puede ayudar a ver cuáles de ellas están bajo tu control. Por ejemplo, a lo mejor no puedes controlar tu primera reacción a un suceso, pero sí la manera de responder a él.

El estoicismo recurre a la figura del «arquero estoico» para explicar la dicotomía del control. El tiro con arco se basa en la forma: la postura, la puntería y el lanzamiento. Una vez ha soltado la flecha, el arquero deja de tener el control sobre cómo los aspectos externos (por ejemplo, el viento) afectarán al vuelo de la flecha y dónde caerá. Dicho de otro modo, una vez que la flecha sale disparada, el arquero ya no tiene ningún control sobre ella. Por tanto, como señaló Epicteto: «En lugar de esforzarte por hacer que las cosas sucedan tal como deseas, deséalas tal como suceden, y todo ocurrirá según tus deseos» (*Enquiridión* 8). Encontrarás una copia descargable del siguiente ejercicio en inglés http://www.newharbinger.com/52663

Piensa en algo que te preocupe ahora mismo. Descompón esta situación en sus distintas partes. A continuación, clasifícalas según si están bajo tu control o no. Repite el proceso con las preocupaciones que te vayan surgiendo a lo largo de la semana.

¿Qué está bajo mi control?		
Situación	**Puedo controlar (✓)**	**No puedo controlar (✓)**

¿Qué me llama la atención del patrón?

____

____

____

¿Qué he aprendido sobre mí?

___

___

___

___

___

¿En qué tipo de cosas de las que quedan fuera de mi control tiendo a concentrarme más?

___

___

___

___

Basándome en esta información, ¿qué quiero hacer?

___

___

___

___

¿Por qué queremos controlar?

En cada situación tenemos unas razones específicas para creer que tenemos que controlar. De todas formas, la mayoría de tales razones están bajo el paraguas del miedo a la *incertidumbre*. Todo el mundo siente el deseo innato de seguridad. Los conceptos «inseguro» e «incierto» están relacionados, pero son distintos. Aquello que es inseguro puede ser dañino o peligroso, mientras que lo que es incierto no se conoce, o no es seguro que ocurra, porque hay falta de información o previsibilidad. Por ejemplo, conducir un coche con los frenos defectuosos es inseguro, porque se corre el riesgo de sufrir un accidente, mientras que no saber el resultado de un encuentro deportivo es incierto, porque se desconoce cómo acabará.

El miedo es una estrategia de supervivencia, pero el miedo irracional consiste en temer a lo que no resulta más probable. La verdad es que podemos preocuparnos todo lo que queramos, pero eso jamás nos dará ninguna certeza. Por tanto, pase lo que pase, y siempre que hayas hecho lo que has podido, acepta la incertidumbre de la vida. A todo el mundo, sin excepción, le surgirán dificultades y le ocurrirán desgracias en algún momento, cosas horribles que están fuera de su control. Pero la gran mayoría de las veces (si no siempre) no serán cosas de las que no podamos recuperarnos. El tópico dice que lo que no te mata te hace más fuerte. Los estoicos dirían, en cambio: «No puedes controlar los acontecimientos, pero sí la manera de responder a ellos». Por tanto, puedes decidir curarte y sobreponerte. Un contratiempo no tiene por qué dar lugar a un bloqueo permanente. En todo existe una oportunidad.

La necesidad de control hace que los seres humanos no toleremos la incertidumbre. Hay gente que prefiere «malas noticias» a «no tener noticias». Hay quienes intentan burlar la incertidumbre imaginando todos los posibles escenarios para que la realidad no les pille a contrapié, pero ¿cuáles son los costes de no tolerar cierto grado de incertidumbre en tu vida?

¿Cuántas veces me preocupo y me obsesiono por lo que *podría* ocurrir?

¿Preocuparme por lo que *podría ocurrir* me impide estar presente en lo que *está ocurriendo* realmente en mi vida? ¿Cómo?

¿De qué manera afecta esto a mi trabajo, a mis relaciones, a mi tiempo de ocio, etc.?

¿Evito relaciones, actividades, salidas y otros proyectos porque me preocupo demasiado por lo que podría ocurrir?

¿Qué me he perdido por culpa de esto?

La manera más segura de evitar la incertidumbre es tener una vida limitada y aburrida. Si me dieran a elegir entre una vida limitada, con poca incertidumbre, o una llena de sentido y aventura (incluyendo todo lo bueno y malo que ello supone), ¿cuál elegiría? ¿Por qué?

¿Cómo afecta a esta elección mi relación con la incertidumbre?

____

____

____

____

____

¡No te preocupes! Sé indiferente a lo que no es relevante

Cualquiera preferiría vivir sin ansiedad. A todo el mundo le gustaría preocuparse menos por lo que le inquieta y así tener más tiempo para hacer cosas útiles; también tener la mente en calma y sentimientos de paz y satisfacción.

Veamos, en primer lugar, qué es la indiferencia. Se trata de aquello que no es bueno ni malo, que no influye en el estado interno y en general no debería importar. Los estoicos dividen la indiferencia en dos categorías: preferente y no preferente. Un indiferente *preferente* es una circunstancia o situación externa que quizá deseemos, pero que no determina nuestra felicidad o autoestima. Son cosas como la fortaleza, la riqueza, el placer y la posición social. Los estoicos creían que debíamos aspirar a bajar estos elementos de su pedestal y adoptar una postura de indiferencia hacia ellos. Son también las cosas que no están bajo nuestro control, como defendía Epicteto al decir: «El cuerpo, las riquezas, la reputación, las autoridades y todo lo que no es inherente a nuestras acciones está fuera de nuestro control» (Epicteto, *Enquiridión* 1). Al igual que el arquero estoico, podemos aspirar a la riqueza, pero si la flecha se desvía de la trayectoria ¿nuestro destino será una vida de miseria? ¿Pierde sentido la vida si no conducimos un Porsche para ir a una lujosa fiesta en Beverly Hills? La cuestión es: ¿por qué debería importarnos más la riqueza que la paz estable que se consigue con la felicidad? Y al decir felicidad no nos referimos a «conformarnos» con las cosas, sino a sentir satisfacción aceptando lo que no es bueno para nosotros o las situaciones poco deseables. Ser feliz, por otro lado, supone apreciar y aceptar el lugar donde estás. La situación actual no tiene que ser el punto final, pero resentirse con el entorno tampoco es un modo muy constructivo de salir de ahí.

Al hablar del prestigio social, nuestro control sobre la percepción de los demás es limitado. Debemos esforzarnos por alcanzar la autenticidad, por ser lo mejor que podamos ser. Pero no todo el mundo tendrá la misma opinión, es evidente que no gustaremos a todo el mundo. Por tanto, marcarse ese objetivo es otra forma de seguir con la inacabable búsqueda de la felicidad.

Un indiferente *no preferente* es también una circunstancia externa o un deseo, si bien no es preferente porque, de poder elegir, preferiríamos que no nos sucediera. Es el caso de la enfermedad, la fealdad, la pobreza o tener mala fama. Incluso la salud se puede considerar un indiferente no preferente. Cualquiera prefiere tener buena salud, pero, aunque procuremos cuidarnos bien, nadie está exento de padecer enfermedades, por mucho que intente evitarlas. Además, al hacernos mayores nuestra salud va empeorando. Podemos negar y lamentar este destino, pero aceptarlo con elegancia a la larga nos da paz. Lo inteligente es reconocer que todo el mundo acaba volviendo a la naturaleza.

Si hablamos de nuestro aspecto físico, está claro que todo el mundo preferiría ser guapo, pero existen diferentes definiciones de belleza. Lo cierto es que, por muy guapos que nos pongamos, la belleza es algo fugaz, se desvanece. Los mejores cirujanos plásticos del mundo son capaces de hacer maravillas, pero ni aun así se puede frenar el inevitable proceso de envejecimiento. Marco Aurelio dice lo siguiente para defender el hecho de que todos los seres humanos nos arrugamos y envejecemos: «La vida es breve. Todos hemos nacido de una gota de semen y enseguida nos convertimos en ceniza. Así es la naturaleza y nosotros solo estamos de paso» (*Meditaciones* 4.48). Podemos modificar nuestro aspecto todo lo que queramos, pero centrarnos en esto y solo en esto nos llevará a perseguir de nuevo el veloz tren hacia la felicidad que nunca llega a su destino. Ni siquiera quienes creen haber alcanzado el aspecto deseado se libran de la infelicidad. Si su apariencia es su principal logro, pronto estarán buscando una «actualización». Puesto que no viven de acuerdo con sus valores —aquello que más les importa, aparte de tener un buen aspecto— se sentirán muy mal hasta que consigan esa nueva mejora. Así pues, el ciclo de belleza-sufrimiento-belleza-sufrimiento les llevará a la *desgracia*.

Identificar las cosas que no deberían marcar la diferencia en nuestra vida nos libera de considerar que dependen de ellas nuestra felicidad o nuestro desarrollo. Tenemos que procurar destronar esos aspectos externos sin valor y mantener la mente en paz en caso de que aparezcan. Por otro lado, gozar de una mente en paz beneficia la habilidad para tomar decisiones y nos da una cierta seguridad de que estaremos bien a pesar de todo. La máxima atribuida a Cicerón que dice que «la paz es libertad en la tranquilidad» resume de una manera muy precisa la esencia de este sentimiento.

Revisa la lista siguiente y clasifica sus elementos en función de si solo preocupan a la gente o son de verdad importantes.

Elemento	Cosas que preocupan a la gente (✓)	Cosas que son de verdad importantes (✓)
La manera de tratar a los demás		
Cuántos seguidores tienes en las redes sociales		
Cómo de verde está tu césped		
La talla que usas		
Tener buena salud		

A continuación, haz una lista de cosas por las que se preocupan las personas que te rodean y después clasifícalas según si solo te preocupan o son de verdad importantes.

Elemento	Cosas que preocupan a la gente (✓)	Cosas que son de verdad importantes (✓)

Si el destino lo permite («Si Dios quiere»)

Los estoicos no creían en ningún dios personal o deidad, como hacen las personas religiosas. En cambio, confiaban en una fuerza o poder divino que gobierna el universo, y lo consideraban algo inmanente más que trascendente. Por lo tanto, cuando los estoicos decían: «Si dios quiere», en realidad no se estaban refiriendo a ningún dios concreto que tuviera poder para intervenir en los asuntos humanos, sino que estaban expresando la idea de que los acontecimientos de la vida están en última instancia determinados por la voluntad de este «poder divino», y que es responsabilidad de cada cual alinearse con ese poder y vivir de acuerdo con sus leyes.

Las *Máximas de Delfos* son una serie de máximas, inscritas en el Templo de Apolo en Delfos, que dan consejos sobre cómo llevar una vida buena y plena. Una de ellas es *amor fati* (τύχην στέργε), que quiere decir «ama tu destino». Los términos exactos de la máxima varían, pero en general significa que no deberíamos dudar del destino ni intentar controlarlo, sino aceptar el curso de los acontecimientos tal como se presentan y aprovechar al máximo las oportunidades que se nos ofrecen. Esta idea se suele expresar mediante la frase «si el destino lo permite». Así pues, es más razonable decir «si el destino lo permite» que decir «si dios quiere». Por ejemplo: «Estaré allí, si el destino lo permite» o «Alcanzaré este objetivo, si el destino lo permite». Esto se conoce como añadir una *cláusula de reserva*, que nos recuerda que no todo en la vida saldrá según lo previsto.

En línea con la idea de dejar ir los apegos está el beneficio de considerar *cualquier cosa* en el contexto de «si el destino lo permite». Añadiendo una cláusula de reserva nos replanteamos la visión de las cosas que tenemos previsto que ocurran. Esto también nos ayuda a desarrollar la resiliencia y a adaptarnos mejor a los cambios, ya que nos recuerda que la vida está en constante cambio y que tenemos que prepararnos para lo inesperado, como un accidente de coche o, qué sé yo, haber reservado dos veces para un evento. Así no actuaremos de modo tan autocrítico cuando ocurran estas cosas.

Solo es posible hacer *cosas* que el destino permite que se hagan. Los pensamientos autocríticos —cuando te culpas de lo que no está bajo tu control— provocan baja autoestima, dudas sobre la propia actuación y sentimientos de incompetencia o inutilidad. Con el tiempo, estos sentimientos desarrollan un ciclo de pensamientos negativos que te dificultarán creer en ti y que luches por cumplir tus objetivos. También pueden interferir en la capacidad para forjar y mantener relaciones sanas, provocando sentimientos de aislamiento y soledad. En los casos más graves, los pensamientos autocríticos contribuyen al desarrollo de depresión o ansiedad. Por eso es crucial acostumbrarse a añadir «si el destino lo permite» a cualquier cosa a la que te comprometas, verbal o mentalmente.

«No podemos dirigir el viento, pero podemos ajustar las velas», dice un viejo refrán que refuerza la idea de «si el destino lo permite». Solo podemos esforzarnos al máximo y controlar lo que está en nuestra mano con la información de que disponemos. Confiamos en que no te trates con excesiva dureza, si el destino lo permite, y que este libro haya caído en las manos de alguien que pueda beneficiarse de él, si el destino lo permite.

Preocúpate antes de que te preocupe a ti

Homer Simpson ejemplifica a la perfección un comportamiento humano que es innato y extraño a la vez. En un episodio de *Los Simpson*, compra una bebida en una máquina expendedora, pero se le queda atascada al salir. Entonces Homer mete la mano en la máquina y también se le queda «atascada». Tras varios intentos de sacar la mano, el personal de la tienda llega a pensar que tal vez tengan que cortarle la mano. Uno de ellos le hace la pregunta del millón: «Homer, ¿tal vez te estás aferrando a la lata?».

Lo mismo pasa con nuestras preocupaciones: nos «atascamos» en ellas porque hemos tomado *esa* decisión. Pensamos que, si no tenemos el control, el descontrol es absoluto, incluso cuando ese control que creemos tener no es más que una ilusión. Es como una lata de refresco a la que nos aferramos con desesperación, como si fuera un amuleto que nos protege, cuando en realidad está lejos de serlo, es más bien un pedrusco inútil. Sin embargo, solemos pensar que preocupándonos por lo incontrolable hacemos «algo» para protegernos, mediante algún tipo de «control»; y sí, estamos haciendo algo, pero no es precisamente positivo.

Mucha gente tiene la idea de que si no posee el control absoluto entonces está fuera de control, cuando en realidad es todo lo contrario. Aferrándonos a las preocupaciones no hacemos más que poner límites al propio potencial; interferimos en nuestra capacidad para concentrarnos en la tarea que tenemos entre manos. Cuando nos hallamos en un estado de preocupación constante solemos tener pensamientos atropellados y nos agobiamos por posibles problemas o resultados desfavorables. Esto nos puede dificultar el prestar atención a lo que hacemos y hasta pensar con claridad. La consecuencia es que podemos llegar a cometer errores garrafales o, como mínimo, no rendir de manera adecuada. Entonces nos preocupamos de nuevo, esta vez por haber perdido nuestra mejor parte, y nos cuestionamos las propias habilidades, aunque ya las hayamos demostrado.

Si dejamos que la preocupación se desborde empezaremos a tomar decisiones basadas en el miedo y la ansiedad, en vez de en la lógica y la evidencia. Y estas no nos beneficiarán ni estarán en consonancia con nuestros valores y objetivos. A la vez, evitaremos asumir riesgos o probar cosas nuevas por miedo al fracaso o al rechazo. Además, para hacer frente a la preocupación evitaremos buscar ayuda o apoyo, y en cambio adoptaremos comportamientos insanos, como el abuso de las drogas o el alcohol.

Aferrarnos a la preocupación conduce a la infelicidad y la insatisfacción, y destruye nuestra forma de ver el mundo: en lugar de percibir la compasión, la empatía, la honestidad y el respeto que la gente muestra, solo vemos comportamientos como odio, falta de respeto y egoísmo. Esto nos puede llevar a adoptar una postura pesimista generalizada, e interferir en nuestras relaciones o evitar que establezcamos otras nuevas. Y, con el tiempo, tal vez nos haga desarrollar una visión del mundo distorsionada o insana, basada en el miedo y la ansiedad, y no en una perspectiva positiva y realista.

En resumen, preocuparse no lleva a controlar los daños; más bien es preocuparse por lo que no podemos controlar lo que nos daña y nos controla. Es como pensar que estamos en lucha con lo negativo cuando, en realidad, se trata de un autoenfrentamiento en el que somos nuestro peor enemigo. Por eso resulta clave «soltar» las preocupaciones y focalizarnos en lo que podemos controlar, no sea que la preocupación controle nuestra vida. Esto nos ayudará a mantener una visión del mundo más sana y podremos ser más eficientes y vivir el presente de forma activa, mejorando así nuestro bienestar general. Como dijo Marco Aurelio (2003): «Tu felicidad depende de la calidad de tus pensamientos».

Te ofrecemos ahora una analogía similar a la situación de Homer Simpson con la máquina expendedora. Hay un determinado tipo de trampa que funciona muy bien con los monos: se hace un pequeño agujero en un coco y se inserta un premio. El mono mete la mano para agarrar el premio, pero al intentar sacarla no puede, porque la mano llena es más grande que vacía y más ancha que el agujero (Figura 1). El mono podría liberarse del coco soltando el premio. Encontrarás una copia descargable del siguiente ejercicio en inglés http://www.newharbinger.com/52663

Evitar la trampa del mono

¿A qué cosas me aferro que me impiden avanzar?

¿Qué perdería si las soltara?

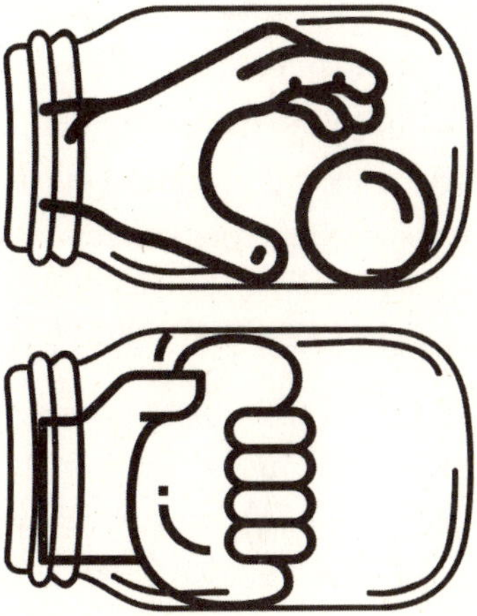

¿Qué ganaría si las soltara?

¿Qué prefiero: mi libertad o un resultado inalcanzable?

Ser tolerante a la incertidumbre

Para concluir este capítulo, te dejamos con la tarea de desafiar tu propia intolerancia a la incertidumbre. Tengamos claro que aceptar la incertidumbre lleva tiempo. Pero recuerda que es consustancial a la vida, y no algo que temer o evitar. Al revés, es una oportunidad para aprender, crecer y prosperar. Igual que un surfista se adapta a las condiciones del mar, también tenemos que adaptarnos a los acontecimientos imprevisibles y cambiantes de la vida. No podemos controlar las olas, pero sí aprender a surfearlas, sea cual sea su tamaño, para encontrar el equilibrio y la armonía. Los surfistas disfrutan con las olas, tú también puedes. Si aceptas la incertidumbre y surfeas las olas de la vida, hallarás el sentido de esa experiencia, con independencia de lo que te depare. Aquí tienes algunas preguntas que deberías hacerte cada día para aprender a aceptar la incertidumbre:

- ¿Puedo tener una completa seguridad de todo en mi vida?
- ¿Es útil o inútil mi necesidad de certeza?
- ¿Es razonable predecir que ocurrirán cosas malas solo porque no tengo seguridad de lo contrario?
- ¿Qué probabilidad hay de que ocurran cosas buenas frente a cosas malas?
- ¿Puedo predecir el futuro?
- ¿Qué consejo daría a un buen amigo que tiene miedo a lo desconocido?

Conclusiones del capítulo 2

- Divide los eventos en dos categorías, según si los puedes controlar o no.
- El sufrimiento viene de intentar controlar lo que no puedes controlar.
- La impermanencia nos une; nadie saldrá vivo de aquí.
- Incrementar la tolerancia a la incertidumbre aumenta la resiliencia.

CAPÍTULO 3

Determinación de las virtudes y los valores

Primero decide qué tipo de persona quieres ser y luego haz lo que tengas que hacer.

Epicteto, *Discursos* 3.23

Los antiguos filósofos estoicos defendían la idea de vivir de acuerdo con cuatro virtudes: la sabiduría, la justicia, el coraje y la templanza. Podríamos decir que la sabiduría implica saber qué es lo fundamental en la vida. Diversas corrientes psicológicas, como la terapia de aceptación y compromiso, hacen hincapié en el concepto de los valores. Cuando hablamos de los valores en este contexto nos referimos a los rasgos del comportamiento que nos resultan esenciales y nos proporcionan una sensación de realización. Son las cosas que aspiramos a hacer en la vida y caracterizan al tipo de persona que queremos ser. Encontrarás una copia descargable del siguiente ejercicio en inglés http://www.newharbinger.com/52663

Lo primero que has de hacer para determinar tus valores es identificar lo que estás haciendo (o lo que crees que deberías estar haciendo) y formularte las siguientes preguntas:

¿Por qué es esto importante para mí?

____

____

____

¿Lo hago porque considero que está en línea con lo que quiero ser? ¿Por qué?

____

____

____

¿Lo hago para evitar sentir incomodidad? ¿Por qué?

____

____

____

Te alejas de los valores	Te acercas a los valores
¿Qué intento evitar?	¿Cuáles son mis prioridades?
¿Qué me hace sentir incomodidad?	¿Qué me importa?
¿Qué me estoy perdiendo?	¿Qué quiero hacer con mi vida?

Una vez hayas rellenado el cuadro, reflexiona sobre las siguientes preguntas:

Si tuviera la fortuna de que el malestar que siento se desvaneciera, si los problemas que me preocupan desaparecieran como por arte de magia, ¿qué querría priorizar en mi vida?

____

____

____

____

¿Qué aprendo de ello acerca de lo que me importa?

____

____

____

____

Hay cosas que hacemos porque dan sentido a la vida y otras a las que nos dedicamos simplemente para sentirnos ocupados y no vernos a solas con nuestros pensamientos y sentimientos. Como señaló Tara Brach: «Ocuparse es una forma socialmente aceptada de mantenerse distante del propio dolor» (2004:16). A lo mejor te gusta mucho la música porque escucharla te distrae de lo que pasa en tu vida. En cierto sentido, estar siempre escuchando música se podría considerar una técnica para afrontar lo que te pasa, pero también puede ser un modo de evadirte de ello. Ahora bien, si este interés por la música es para ti algo más que evasión, entonces podría estar en consonancia con tus valores. Los valores tienen menos que ver con *lo que no quieres* que con *lo que quieres* (en concreto, con lo que quieres *hacer*). ¿Qué pretendes que sea relevante en tu vida? ¿Cómo vas a demostrarlo con tus acciones? Los valores orientan la propia vida, y los objetivos son pasos concretos en ese camino. Si alguien tiene interés por la música, tendrá también objetivos relacionados con aprender a tocar un instrumento o ir a determinados conciertos. Estos son objetivos concretos, que son agradables de perseguir y que una vez conseguidos llevan a preguntarse: «Bien, y ahora ¿qué me espera?».

En este capítulo trataremos las virtudes destacadas por los estoicos, así como las que adopta la metodología de Peterson y Seligman (2004). Te enseñaremos a hacerte sencillas preguntas para clarificar tus valores. Por último, abordaremos una de las cuestiones más frecuentes en este ámbito: cómo asegurarte de que no te estás limitando a adoptar los valores de la sociedad o de otros individuos, sino que estás determinando de verdad los que para ti van a suponer alcanzar una vida gratificante.

¿Por qué son fundamentales los valores y las virtudes?

Otra cuestión básica para identificar lo que nos interesa es la siguiente: «¿Cuál es el objetivo de mi vida?». Una vida dedicada a buscar la felicidad es una vida insatisfecha, puesto que la felicidad es fugaz. Para alcanzar lo que buscas en tu vida, lo normal es que tengas que tolerar y soportar cosas desagradables. Si consideras la felicidad como sentir placer de una manera inmediata y continua, entonces eres susceptible a una serie de patrones contraproducentes y comportamientos adictivos. De modo que, si eres capaz de dar un paso atrás mentalmente y contemplar tus experiencias a lo largo de la vida, ganarás perspectiva. A esta satisfacción que nos da vivir una vida plena y con sentido los estoicos la denominan *eudaimonía* (o «florecimiento»). Es una meta vital que solo se puede alcanzar viviendo siempre en consonancia con la sabiduría y las demás virtudes.

El florecimiento nos recuerda la imagen de la vegetación que crece vigorosa y sana. Si entiendes algo de jardinería, sabrás que para obtener resultados con las plantas el esfuerzo y el mantenimiento han de ser constantes. Aunque da muchas alegrías, también implica un trabajo agotador. El éxito llega con el tiempo, y la satisfacción a largo plazo es lo que hace que valga la pena.

Los estoicos y otros filósofos griegos empleaban el término *eudaimonía* para referirse al objetivo esencial de la vida. A pesar de ser un término bastante difícil de traducir, se podría decir que significa «tener un buen demonio» o un espíritu guía. En el pasado solía traducirse como «felicidad», pero los intelectuales actuales prefieren traducirlo como «florecimiento» o «realización». La *eudaimonía* no es solo un sentimiento, es un estado completo del ser; es la condición de una persona que está viviendo su mejor vida posible, que disfruta de ella a pesar de los rugidos de la multitud. En el siguiente ejercicio podrás comprobar si los valores que has definido al principio del capítulo son los que de verdad estás viviendo.

¿Qué objetivos y ambiciones tengo en la vida?

___

___

___

¿Cambiaría las cosas que son más importantes para mí en el hipotético caso de que no tuviera que contárselas a nadie ni publicarlas en internet?

____

____

____

¿Son capaces de impresionar a otros las cosas que quiero hacer?

____

____

____

¿Hay algún aspecto de mi vida en el que esté buscando la satisfacción de realizarme gracias a la validación de otras personas?

____

____

____

¿Qué tipo de vida quiero para mí?

____

____

____

¿Qué daría un sentido personal a mi vida?

¿Hay actividades que emprendo para impresionar/complacer a otras personas que no están de acuerdo con el tipo de persona que quiero ser?

¿Qué quiero priorizar?

En una escala de 0 a 10, siendo 0 = nada y 10 = todo, califica la relevancia que tiene para ti cada una de estas virtudes:

Sabiduría: ____________ Justicia: ____________

Coraje: ____________ Templanza: ____________

¿Cómo han demostrado otras personas estas virtudes en su vida?

Sabiduría: ____________________

____

Justicia: ____________________

____

Coraje: ____________________

____

Templanza: ____________________

____

¿Hay alguna de estas áreas en la que quieras trabajar?

____

____

La sabiduría

Mientras que otros priorizaban cosas como la riqueza y el prestigio, los estoicos reconocían que estas cuestiones no son tan relevantes como parece. Por otra parte, la ignorancia o la estupidez nos llevan a pensar sobre nuestra vida de un modo irracional, y a dejarnos engañar por lo que vemos en la superficie. La sabiduría, para los estoicos, implica reconocer que las ventajas externas son menos relevantes que la manera de usarlas, y que para hacerlo de un modo eficaz se necesita sentido común y buen juicio. De hecho, la sabiduría estoica es, de forma intencionada, autorreferencial, ya que se valora y estudia a sí misma por encima de todo lo demás.

Es imposible practicar las otras virtudes si no se hace con sabiduría. La mejor manera de saber si algo es bueno o no, si es correcto o incorrecto, es proyectándonos hacia el futuro. Admite que esto es difícil, pero también pregúntate: *¿Va a ser esto bueno para mí en el futuro?* La sabiduría también nos permite ver las cosas tal como son, en vez de dejarnos llevar por nuestras emociones o ideas preconcebidas.

Describe una relación reciente que hayas tenido con otra persona y que no haya salido como esperabas.

____

____

____

¿Qué pasó?

____

____

____

¿Qué elementos de la situación estaban bajo tu control?

____

____

____

¿Qué resultado esperabas de la situación?

____

____

____

¿Era un resultado realista?

____

____

____

Teniendo en cuenta los límites de lo que estaba bajo tu control, ¿qué habrías tenido que hacer para obtener el resultado deseado?

____

____

____

¿Qué has aprendido de esta actividad que puedas aplicar a futuras relaciones?

____

____

____

La sabiduría es una habilidad

No es de extrañar que Sócrates, siendo como era un dechado de sabiduría, fuera además un ejemplo de sabiduría en acción. En una conversación que mantuvo con Meno, un joven aristócrata, expresó sus ideas sobre la naturaleza de la virtud. Meno empieza preguntándole a Sócrates qué es la virtud y si es algo que se pueda enseñar. A continuación, Sócrates, poniendo en práctica el método socrático, le pide a Meno que defina la «virtud». Ambos intentan hacerlo, pero les resulta difícil, y aunque no llegan a una definición concreta adquieren ideas y perspectivas muy valiosas que revelan los límites de sus conocimientos. Es decir, el diálogo les sirve para estimular el pensamiento, poner en duda sus suposiciones y demostrar la utilidad de las preguntas abiertas. La propia conversación, así como las ideas que se extrajeron de ella, reflejan los objetivos más amplios de la filosofía socrática: adquirir sabiduría superando la ignorancia. La sabiduría es, por tanto, un proceso y una habilidad.

La justicia

La sabiduría, cuando se aplica a las relaciones humanas, nos lleva a lo que los antiguos griegos denominaban «el *dikaiosyne*». Esta palabra se traduce como «rectitud», pero el significado es más amplio de lo que pensamos; sería mejor traducirlo como «virtud social». Los estoicos lo dividen en «justicia» y «amabilidad».

Ellos definían la parte de la virtud social que conocemos como «justicia» o «equidad» como la acción de mostrar a otras personas el respeto que se merecen tratándolas de manera justa. Los lectores de hoy en día señalan con frecuencia que existe un gran desacuerdo sobre cómo es la justicia en la práctica. Digamos que se trata de un tema complejo, sobre el que se han escrito infinidad de libros. Por suerte, existe «la regla de oro», una norma bien conocida que a lo largo de los siglos han adoptado diferentes religiones y filosofías, incluido el estoicismo. En términos generales, esta regla dice que deberíamos tratar a los demás con el mismo respeto con el que nos gustaría que nos trataran; o, como dice la Biblia, *no hagas a nadie lo que no quieras que te hagan*. Su correspondiente defecto, la injusticia o la deshonestidad, consiste en explotar a los demás tratándoles sin respeto y no darles lo que les corresponde.

La bondad y la compasión

La bondad ha sido siempre un aspecto esencial de la virtud social; implica desear el bienestar de los demás, tanto individual como colectivamente, y tratarles como amigos y no como enemigos. El emperador estoico Marco Aurelio, por ejemplo, construyó un templo para «beneficencia» que representa el acto de ayudar a los demás. Aunque la felicidad de las otras personas no depende del todo de ti, los estoicos no se mantienen indiferentes al florecimiento de los demás y desean su éxito, reconociendo que el destino también juega un papel. Lo contrario de la bondad es la crueldad o la ira, que los estoicos definen como el deseo de ver sufrir a los demás. Así pues, superar la ira y sustituirla por la bondad o la compasión es uno de los principales objetivos de la «terapia» estoica tradicional.

Para los estoicos, ayudar a otras personas es algo más que ofrecerles asistencia material. Para demostrar sabiduría en la ayuda al prójimo tenemos que reflexionar sobre cuestiones fundamentales como «¿qué es bueno para nosotros?» y «¿qué quiere decir ayudar o perjudicar a alguien?». A pesar de la aparente importancia que la sociedad da a la riqueza y el prestigio, los estoicos reconocen que la sabiduría y la virtud son los únicos bienes genuinos. Así pues, educar o compartir conocimientos con los demás es una forma de ayudar más útil que proporcionar bienes materiales. Aunque la bondad y la compasión, de manera general, son consideradas virtudes que mostramos en la relación con otros seres humanos, los estoicos también reconocen la filosofía como un medio para cultivar la amistad o la autocompasión.

¿Qué necesité en mis años de formación, pero no recibí?

Para bien o para mal, ¿cómo afectaron esas experiencias a lo que soy hoy?

Al contemplar mi vida, ¿puedo ofrecerme algo de compasión?

¿Cómo puedo ofrecerme *ahora* eso que *entonces* necesité?

El coraje

El miedo es uno de nuestros mayores instintos de supervivencia. Esta emoción es una señal innata de que algo podría ser perjudicial, pero cuando va más allá nos impide hacer lo que es necesario o positivo. Hay momentos en la vida en que sentimos la necesidad de alzar la voz o actuar contra las injusticias, y no lo hacemos por miedo a lo que los demás piensen de nosotros. El *coraje* implica sentir el miedo, pero actuar de todos modos. Temer a algo que no es de vida o muerte puede ser clasificado de miedo *irracional*. Como dijo Marco Aurelio: «Lo que no deteriora tu carácter, tampoco deteriora tu vida. Si no lo hace, entonces eres impermeable a eso y no te daña» (*Meditaciones* 4.8).

Podría ser más perjudicial para tu carácter decidir no protestar o actuar. Y no son las personas que creen que estás mal de la cabeza por alzar la voz contra las injusticias las que deberían moldear tu carácter. Además, aunque piensen eso de ti, no te ha ocurrido nada terrible por ello.

El coraje también supone ser firme en tu modo de actuar, imperturbable ante los problemas cuando lideras un equipo o en tu familia, porque si asumes un rol de liderazgo la gente esperará de ti que seas su asidero, su referente. Esto no quiere decir que no tengas miedo, pero no empeoras las cosas exagerando la magnitud del problema, porque el catastrofismo siempre es contraproducente. Se necesita coraje para no dejar que el miedo interfiera en la toma de decisiones correctas. En muchos casos, las personas que luchan contra el miedo y la ansiedad han aprendido a no tolerar el sentirse ansiosas. «No soporto sentirme así», dicen. A menudo desarrollan una especie de «miedo al miedo». A esto se refieren los estoicos cuando hablan de coraje.

¿En algún momento he tenido miedo de hacer algo, pero no he dejado de hacerlo?

____

____

____

____

____

¿Qué es lo que me daba miedo de la situación?

____

____

____

¿Qué pasó?

____

____

____

¿Hice lo que había que hacer a pesar del miedo?

____

____

____

¿Me sorprendí haciendo cosas que dudaba de saber hacer?

____

____

____

¿Soy capaz de hacer cosas difíciles a pesar de sentir miedo?

____

____

____

¿A qué miedos me he tenido que enfrentar en mi vida?

____

____

____

____

¿A qué miedos tengo que hacer frente todavía?

____

____

____

____

¿Hay cosas que me asustan (pero no son peligrosas) y que pueda practicar para desarrollar mi capacidad de actuar con valentía?

____

____

____

____

La templanza

De la *templanza* solo podemos decir que es la capacidad para mantener el autocontrol, pero también supone comprender los elementos que influyen en nuestros anhelos, como la genética, el entorno, las emociones y las normas sociales. Conociendo nuestros deseos insanos podemos desarrollar estrategias para controlarlos y tomar decisiones más sanas. El consejo de Marco Aurelio es que busquemos extinguir el apetito: «Elimina las distracciones, controla tus deseos y extingue los anhelos insanos, y mantendrás el poder sobre tu mente, así como sobre tus decisiones» (*Meditaciones* 2.5).

Para extinguir los anhelos insanos, y no solo enfriarlos, tenemos que saber cuáles son sus fuentes. A fin de cuentas, nuestros anhelos se alimentan de su contexto. Comprender tales contextos es un acto de sabiduría que profundiza en el autoconocimiento.

Según los estoicos, las personas sufren porque desean en exceso cosas como la fama, el dinero, el sexo, la comida, la bebida u otros placeres, lo que les puede llevar a la adicción. Quienes demuestran moderación son capaces de renunciar a los deseos insanos y resistir el ansia de determinados placeres que pueden sentar bien a corto plazo, pero son perjudiciales a la larga. Sin embargo, la moderación por sí sola no es una virtud si no va acompañada de la sabiduría, ya que la autodisciplina sin discernimiento puede llevar a un comportamiento perjudicial. La verdadera moderación requiere saber qué es bueno desear y a qué hay que renunciar, y este conocimiento se logra a través de la autoconciencia.

Lo contrario de la templanza es el desenfreno o el exceso que se caracteriza por la autoindulgencia y la falta de moderación. Sócrates y los estoicos creían que la sabiduría sin templanza es inútil, porque nos deja vulnerables a la tentación y a tomar decisiones equivocadas. Es habitual que se necesiten terapia y autoayuda para superar deseos y hábitos irracionales o perjudiciales. El viejo refrán griego «nada en exceso» enfatiza la relevancia del equilibrio y la moderación, un tema central de la filosofía antigua.

Pero no se trata solo de controlar los propios deseos, sino también el temperamento. Los estoicos contemplan las consecuencias de estallar en un ataque de ira. También creen que esta nos hace más daño que la bondad. En su obra *Sobre la ira*, el filósofo estoico Séneca la consideraba una «locura temporal»: sufrimos un arrebato de locura porque nos hemos convertido en otra persona y hacemos cosas que alguien cuerdo (y sensato) no haría. Cuando aparece la ira, lo hace *con rapidez*, y, aunque actúes con más lentitud que ella es capaz de enturbiar las cosas que otras veces disfrutamos. ¿De verdad odias tu trabajo, o es que has tenido un mal día? ¿De verdad has tenido un mal día, o es que alguien te ha llevado la contraria? Con qué rapidez la ira puede transformar las cosas en lo que no son. Como dijo Marco Aurelio: «Esto no tiene que convertirse en nada más de lo que es. No tiene por qué enojarte» (*Meditaciones* 6.52).

Si somos conscientes de la ira cuando surge, esos momentos de conciencia harán de controladores del daño contra las disrupciones en el camino hacia el florecimiento personal. Podemos elegir entre no dejar que nos hunda o que nos aleje de la persona que queremos ser. Para quienes se enojan con facilidad puede ser difícil de detectar, y tal vez lleguen a decir o hacer cosas que no harían de forma habitual. Una buena estrategia es tratar de detectar pronto la ira. Porque es mucho más fácil desconectar y calmarse cuando te irritas que cuando estás ya hirviendo de rabia. Si aprendes a captar los primeros signos de que te estás enfadando, podrás prepararte para hacer una pausa que te permita calmarte y actuar con templanza. Para mucha gente, la ira suele ir a más, por lo que un primer paso para fomentar la templanza es determinar cómo y en qué partes de tu cuerpo experimentas la ira.

Dedica un minuto a pensar en cuando te enfadas. ¿Dónde lo sientes? ¿Dónde empieza y cómo se desarrolla? Podrías preguntar a tus amigos íntimos o familiares qué ven cuando te enfadas; a lo mejor incluso se dan cuenta *antes que tú*.

Los signos comunes de la ira

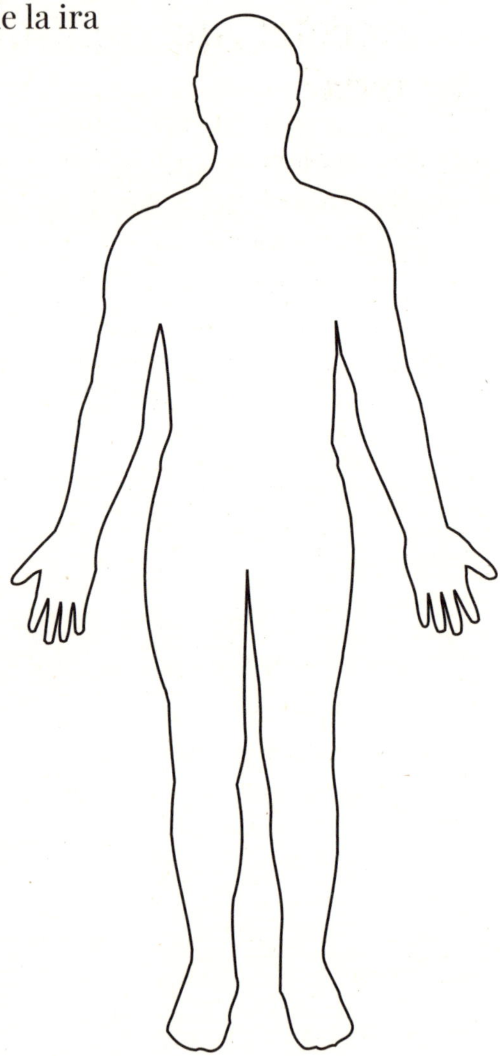

Se acelera el ritmo cardíaco

Se te revuelve el estómago

Tiemblas

Aprietas los dientes

Sientes calor

Cambias el ritmo respiratorio

Los dientes te rechinan

Fluctúa la intensidad vocal

El ritmo del habla se acelera o se ralentiza

Cambia tu lenguaje corporal

Otros: ______________________________

____

____

Conócete: ¿qué sentido quieres dar a tu vida?

Ya hemos comentado que los estoicos definían la sabiduría como el conocimiento de lo que es bueno, lo que se refiere a conocer nuestros objetivos fundamentales en la vida. Para alcanzar la sabiduría, pues, hemos de conocernos y ser conscientes de nuestros valores y objetivos más profundos. El proceso de determinación de valores, que has seguido antes en este capítulo, se considera una forma de sabiduría. Ahora lo último que tienes que preguntarte es: «Si tuviera que vivir una vida de plenitud, guiada por la pasión y la virtud, ¿cómo sería?». Cuando Marco Aurelio escribió las *Meditaciones*, hablaba de su vida y de lo que el estoicismo le había enseñado.

Determinación de valores

Si tuviera que sentarme a escribir mis memorias, mi versión de la obra clásica *Meditaciones*, ¿qué me gustaría contar?

____

____

____

____

____

____

¿Qué tipo de vida tendría que llevar para poder expresar eso?

¿Qué priorizaría en mi vida cotidiana?

A partir de esto, ¿qué aprendo sobre mis valores?

¿Qué cambios tendría que hacer?

______

______

______

______

______

______

Adopta a un sabio

Ahora que te has imaginado el tipo de vida que te gustaría llevar, ¿qué harás para cumplirlo? La práctica de adoptar a un sabio es una herramienta estoica que te ayudará a poner en marcha esta transformación en lo que quieres ser. Los antiguos estoicos resaltaban la importancia de esforzarse por alcanzar este ideal, al tiempo que reconocían que la verdadera condición de sabio es muy rara y desafiante, prácticamente imposible de alcanzar. Sin embargo, si «adoptas a un sabio», este te animará a mejorar siempre, a vivir de acuerdo con tus virtudes y a centrarte en tu verdadero objetivo: la búsqueda de la sabiduría y el autodominio. Un subproducto maravilloso de esta búsqueda es obtener más plenitud en la vida imitando a una persona que admiras; esto te animará y te inspirará autoconfianza a la hora de tomar decisiones seguras.

Piensa en alguien a quien admiras porque haya tenido el valor de vivir de acuerdo con sus valores, similares a los tuyos. Enumera las cualidades que admiras de esa persona y comprométete a demostrarlas tú también. Emulando cada día al sabio que te gustaría ser te irás acostumbrando a actuar de acuerdo a cómo te gustaría vivir y la persona que quieres ser. Al principio esto puede parecer extraño, pero recuerda que emular no es fingir si lo practicas con la intención de demostrar esas cualidades durante el resto de tu vida.

¿Quién es «mi sabio»? ________________________________

¿Por qué admiro a esa persona?

____

____

____

¿En qué cree?

____

____

____

____

Reflexiona un momento sobre lo que has escrito. Luego vuelve a leer la lista a diario y esfuérzate por adoptar un rasgo cada día.

Aunque en la vida no se pueden prometer muchas cosas, sí podemos prometer que, a pesar del esfuerzo inicial, merece la pena vivir de acuerdo con tus valores. A medida que te sientas más seguro de que estás viviendo la vida que has elegido, crecerás y desbloquearás nuevas capacidades y habilidades; experimentarás una sensación de seguridad en ti y de autorrealización, llevando una vida que te resulta gratificante. Esto te conducirá a gozar siempre de paz interior a pesar de las opiniones de los demás o de las circunstancias indeseables.

Conclusiones del capítulo 3

- Centrarte en tus valores y virtudes te ayudará a salir adelante cuando la adversidad te golpee.
- La felicidad puede ser pasajera, pero vivir de acuerdo con tus valores y las virtudes estoicas te ayudará a prosperar a pesar de las circunstancias (*eudaimonía*).
- Los valores son lo más importante en tu vida, no solo los momentos que definen tus objetivos.
- Sabiduría, justicia, coraje y templanza son las virtudes que llevan a la realización personal y benefician a toda la sociedad.
- Adopta a un sabio que tenga valores similares a los tuyos y esfuérzate por emular cada día uno de sus rasgos.

CAPÍTULO 4

Cómo vivir como un estoico

Comprender la teoría nos permite hablar de ella, pero es la práctica constante la que nos permite vivirla.

Musonio Rufo, *Lecturas* V

La perspicacia es buena, pero la perspicacia más el cambio de comportamiento es aún mejor. Estamos de acuerdo en que resulta beneficioso aprender a vivir como un estoico, pero ¿qué es vivir como un estoico? Una cosa es decidir qué quieres cambiar, pero el verdadero cambio no es solo una declaración de intenciones, sino un patrón sostenido, de la misma manera que un matrimonio es mucho más que una boda. Este capítulo se centra en cómo generar un cambio en tu vida.

Los antiguos estoicos describirían tu estado actual con el término *prokopton* (o *prokoptó*), que significa «progresar» y se usaba para describir el proceso de avanzar hacia una vida virtuosa examinando tus acciones y pensamientos, y esforzándote por mejorar. Esto es lo que estamos intentando lograr los autores de este libro. Según Séneca: «Estoy aquí para hablar contigo de nuestros problemas comunes, como si fuéramos pacientes del mismo hospital» (Carta 27, *Sobre la brevedad de la vida*).

Así que, querido o querida *prokopton*, en este capítulo vamos a enseñarte unas sencillas prácticas que te ayudarán a identificar y entender tus comportamientos actuales, y a desarrollar una estrategia para adoptar con facilidad otros nuevos. También te hablaremos del último paso del viaje de desarrollo personal, que se refiere a cómo respondes al mundo según tus valores, algo que nosotros denominamos «el modo sabio». Por último, estaremos ahí para ayudarte en los momentos difíciles que surjan en el camino hacia convertirte en una persona floreciente y resiliente. Ahora, llevando como equipaje todo lo que has leído hasta ahora sobre los valores y la virtud, la única persona que se interpone entre tú y quien te gustaría ser eres tú. Pero recuerda que lo que importa es el viaje.

Sócrates desafía al mundo

Como seres humanos, tenemos patrones de conducta sanos e insanos; pero, en cualquier caso, nuestro comportamiento cotidiano es un patrón que ha ido moldeándose en función de creencias, experiencias pasadas, una particular visión del mundo y muchos otros factores. Los patrones suelen ser fáciles de adoptar, pero difíciles de romper, porque forman parte de nuestra identidad. Tú, querido o querida *prokopton*, elegiste este libro porque estás buscando la manera de ser lo que quieres ser: una persona sabia, que desea gozar de una vida plena y de mejor calidad. De hecho, justo por eso tanta gente lee libros de crecimiento personal. Pero a muchas personas la lectura de esos textos no nos beneficia; y no por el contenido del libro, sino por lo que nos exigen hacer: cuestionar las propias creencias, los comportamientos y, en última instancia, a nosotros mismos. Resulta incómodo y a veces incluso doloroso.

Sócrates hacía que la gente se sintiera incómoda haciéndole preguntas provocadoras con la intención de exponer contradicciones e inconsistencias en sus creencias y acciones. Y casi siempre hacía que los demás se dieran cuenta de que no entendían del todo los conceptos que decían conocer. Y así debemos hacerlo ahora también, si pretendemos dar lugar a un cambio duradero.

En su obra *Apología*, Platón cuenta el retrato que hace Sócrates de Atenas como un caballo grande y apático, y del propio Sócrates como la molesta mosca que lo aguijonea. Salir de tu zona de confort te picará y escocerá, pero el picor y el escozor irán remitiendo mientras se va formando la nueva persona que quieres ser. Como la mosca que aguijonea a Atenas, estas preguntas mordaces picarán e incomodarán al principio, pero, con el tiempo, conducen a una autocomprensión más profunda, y también a una mejor comprensión del mundo y de cómo se relaciona con él la persona que quieres ser. Aceptar esta incomodidad es el camino para despojarte de viejas capas y emerger como el individuo que aspiras a ser.

Ponerse en «modo sabio»

Epicteto escribió: «Cualquier hábito y habilidad se solidifican y mejoran gracias a las acciones coherentes: caminar caminando, correr corriendo. Si quieres ser un buen lector, lee; si quieres ser un buen escritor, escribe» (*Discursos* 2.8). Vivir la vida de un estoico es, pues, llegar a ser todo lo sabia o sabio que puedas ser. El sabio es un ideal hipotético que implica esta búsqueda activa; los estoicos (como la lógica) nos dicen que nunca alcanzaremos un estado omnisciente, ni seremos las personas más sabias del mundo. De hecho, el estoicismo —al igual que el platonismo y el epicureísmo— fue llamado en origen «zenonismo» en honor a su fundador, Zenón. Sin embargo, este nombre pronto se abandonó porque los estoicos no consideraban que sus fundadores fueran perfectamente sabios.

El modo sabio tampoco es un camino hacia la perfección. Pero, a diferencia de los modos de comportamiento que nos bloquean, el modo sabio nos ayuda a impulsarnos hacia delante desarrollando la resiliencia. El modo sabio es la etapa en la cual la práctica constante de los principios estoicos y los ejercicios de la TCC se funden en una respuesta instintiva a situaciones y acontecimientos. Este cambio de paradigma consiste en una serie automática de disparos cognitivos que se han convertido ya en nuestra segunda naturaleza, en vez de ser algo en lo que uno tiene que pensar de forma activa y consciente. Por ahora estás desarrollando la filosofía estoica, pero también las prácticas de la TCC. Si las pones en práctica juntas por un tiempo, se convertirán en una respuesta automática que te dará la tranquilidad de saber que estás tomando las mejores decisiones posibles cada día y todos los días.

La Figura 2 ilustra los cuatro aspectos del modo sabio. Encontrarás una copia descargable del resumen siguiente en inglés http://www.newharbinger.com/52663.

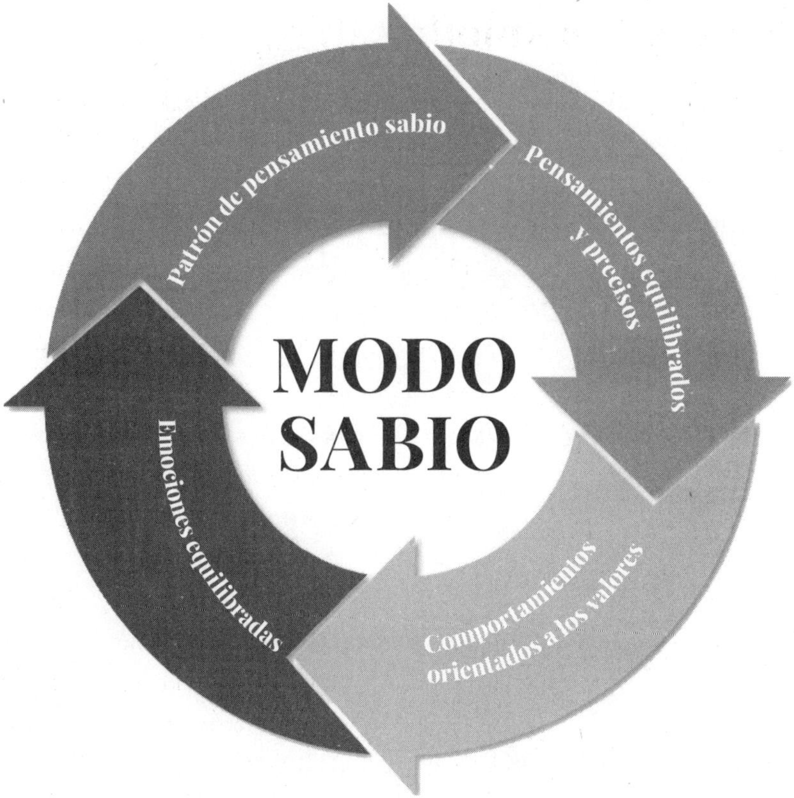

Los cuatro aspectos del modo sabio

Patrón de pensamiento sabio

Reconocer y aceptar los límites del control.

No perder la perspectiva de las cosas.

Centrarse en actuar de forma eficaz.

Curiosidad y empatía.

Pensamientos equilibrados y precisos

Se evalúan las impresiones iniciales.

Hay un nivel sano de realismo en los pensamientos.

Comportamientos orientados a los valores

Responder en lugar de reaccionar.

Concentrar las energías y los comportamientos en forjar una vida con sentido.

Invertir la energía allí donde el cambio es necesario y posible.

Abandonar lo que no es útil.

Emociones equilibradas

Estar en contacto con las emociones, pero mantenerse al volante.

Tolerar la aflicción para vivir de acuerdo con los propios valores.

Toda la gama de experiencias emocionales.

Retrocede al final del primer capítulo, donde detallabas tus intenciones para usar este libro. Revísalas y reflexiona sobre lo que has aprendido hasta ahora. Comprueba si hay algún cambio que quieras hacer, o si te gustaría añadir algo.

¿Por qué quiero hacer los ejercicios de este libro?

____

____

____

¿Hay algo en particular que desee aprender?

___

___

___

¿Tengo problemas concretos que quiera solucionar?

___

___

___

¿Tengo objetivos o ambiciones que pretenda cumplir?

___

___

___

¿Hay algún elemento del modo sabio que me gustaría añadir a mi lista?

___

___

___

¿Cómo sería un día de mi vida si cumpliera mis objetivos con el mayor detalle posible? En concreto, ¿qué me verían hacer los demás si cumpliera mis objetivos? ¿Cómo sabría un observador independiente, solo observando, que he alcanzado mis metas?

De la manera más específica posible, ¿qué pasos puedo dar *hoy* para empezar a construir esta vida?

Progresa, no busques la perfección

Hay momentos en los que la mente, con independencia de que seamos o no estoicos, parece un reino turbulento e ingobernable. No hay que preocuparse, es propio de la condición humana. Por eso también los estoicos creen que, por mucho que nos esforcemos en ser sabios, nunca lo conseguiremos. A menudo, la filosofía en sí misma hace hincapié en la acción práctica y significativa, por encima de los grandes ideales.

El autoconocimiento es lo que los antiguos estoicos denominaban *prosoché*. Significa ser consciente de las propias sensaciones, emociones y pensamientos, dirigiendo la atención al momento presente. Es, en definitiva, «la atención plena». Así pues, se trata de intentar gestionar nuestras tendencias naturales y reacciones iniciales en vez de evitarlas, de practicar la atención plena estoica sin esperar la perfección. El objetivo es cultivar la habilidad de volver a las prácticas estoicas y a los ejercicios de la TCC contenidos en este libro, no como prevención contra el caos mental, sino como manera de evitar que nos consuma.

La atención plena estoica

Hay sabiduría estoica en la siguiente cita de Marco Aurelio: «El camino hacia delante consiste en superar el obstáculo, porque lo que obstaculiza el progreso también puede servir de camino hacia el éxito» (*Meditaciones* 5.20). El obstáculo como camino hacia el éxito se ilustra en cómo enseñamos la habilidad de la atención plena. Con frecuencia, un obstáculo para ser más consciente es una mente errante o «mente de mono», llamada así porque parece saltar de forma errática de un lado a otro. Uno podría decir: «¡No soy capaz de aprender a centrarme a propósito en algo! ¡Está tan distraída mi mente!». La práctica de la atención plena consiste en aprender a redirigir tu atención cuando empieza a divagar.

Haciendo esto de manera repetida desarrollarás el músculo mental que se convierte en la atención plena. En otras palabras: no puedes controlar el que tu mente se distraiga, pero sí el hecho de traerla de vuelta una y otra vez.

1. Elige algo en lo que concentrarte (interno o externo), como una mancha en la pared, tu respiración o la llama de una vela.
2. Presta atención a ese elemento.
3. Tu mente empezará de modo automático a divagar.
4. Date cuenta de que tu mente divaga.
5. Ten paciencia contigo y trae de vuelta tu atención a lo que estabas mirando.
6. Repite los pasos del 3 al 5 muchas veces.

La práctica de la atención plena no consiste tanto en aprender a que la mente nunca se distraiga, sino en aprender a volver tu atención hacia aquello en lo que estás concentrándote. Se trata de que te des cuenta de que tu atención divaga y traerla de vuelta. Desde la perspectiva de la terapia cognitivo-conductual, la atención plena no es por sí misma curativa; es decir, no se trata de practicar la atención plena y conseguir un estado zen exento de problemas, sino de que nos ayude mentalmente a desacelerar, para así ser capaces de identificar todos los puntos de elección que nuestra respuesta de piloto automático se salta. La atención plena también puede ser una estrategia muy eficaz si sueles llevar a cabo comportamientos sin pensar en ellos.

Piensa en algún momento en que hicieras algo impulsivo. Traza la secuencia de eventos que te llevaron a esa conducta. Intenta describirla con todo lujo de detalles.

Ahora describe cuál habría tenido que ser tu reacción. Imagina una secuencia de acontecimientos en la que tu reacción fuera la que habrías preferido tener. Descríbela con el máximo detalle posible.

Presta atención a los momentos críticos en los que habrías tenido que hacer algo diferente. Observa sus elementos distintivos para poder marcarlos en tu mente como momentos en los que adoptar comportamientos alternativos en el futuro. Enumera estos momentos críticos.

La atención plena, como muchas otras estrategias de este libro, es una habilidad y, como tal, cuanto más la practiques, mejor.

Cómo llegó Marco Aurelio a ser Marco Aurelio

Mientras hablamos de nuestro viaje para convertirnos en estoicos, veamos lo que podemos aprender de los periodos de desarrollo de quienes nos han precedido. Hay una serie de factores que influyeron en que Marco Aurelio se convirtiera en el gran filósofo que fue. Cuando Adriano decidió que el hijo de su sobrino, Marco Aurelio, tenía lo que había que tener para ser emperador, adoptó a Antonino Pío con la condición de que él adoptara a Marco Aurelio y así este pudiera acceder al trono. A continuación, nombró al respetado estoico Junio Rústico como uno de los tutores de Aurelio. En sus *Meditaciones* (1.7), este reflexiona sobre lo que aprendió de su mentor:

> Rústico ejerció una gran influencia en mí al haber concebido la idea de la necesidad de enderezar y cuidar mi carácter. Me enseñó a no desviarme por la competencia vana, ni escribir conceptos abstractos, ni recitar discursillos de exhortación, ni hacerme pasar por persona ascética o filántropo con vistosos alardes. También me aconsejó apartarme de la retórica, de la poética y de la prosa extravagante.
>
> Además, me animó a perdonar sin demora a quienes me habían ofendido con palabras o acciones, una vez que mostraran voluntad de reconciliación. Rústico me inculcó el valor de la lectura con precisión, sin contentarme con unas consideraciones globales. Por último, me introdujo en las enseñanzas de Epicteto de su propia colección, por lo que le estoy muy agradecido.

El mensaje que podemos extraer de Rústico es que *el estoicismo no es para los aficionados a unas pocas buenas citas*, sino que es una filosofía de vida. Aurelio aprendió a no emplear un lenguaje elaborado ni vistosos alardes para hacerse pasar por un estoico, sino vivir una vida sencilla, leer con precisión, actuar con humildad y pensar las cosas dos veces. Rústico también le enseñó a llevar una vida guiada por la sabiduría, el coraje, la justicia y la templanza. Si deseas obtener un beneficio real del estoicismo y transformar tu vida de una manera real y duradera, tendrás que abrazar la autenticidad y el deseo de mejorar desde un punto de vista personal. Es una verdad absoluta que el cambio requiere práctica, y es algo que podemos aplicar a nuestra vida.

Lo que Epicteto aprendió de Musonio

¿Qué podemos aprender de la educación de Epicteto? Uno de los estoicos romanos más influyentes, Gayo Musonio Rufo, fue mentor del gran Epicteto, autor de los *Discursos* o *El manual*, tal y como se lo conoce hoy en día. Musonio era famoso por su integridad y sabiduría, y fue miembro prominente de la oposición estoica al tiránico emperador Nerón. Tras regresar de su tercer destierro, adoptó a Epicteto como pupilo. Ambos poseían una filosofía muy profunda, y se cree que sus adversidades al ser desterrados y esclavizados les dieron una mayor capacidad de empatía y comprensión. Los dos creían en la relevancia de poner en práctica la teoría, porque esto conduce a la acción. A pesar de que los escritos de Musonio son escasos, está claro que ambos tenían un estilo de enseñanza directo y conciso. «Calla la mayor parte del tiempo, o bien habla solo lo necesario y con pocas palabras», escribió Epicteto en *Enquiridión* 33. Tal vez por esto el *Enquiridión* suele ser descrito como una obra «sin rodeos».

Mientras nos embarcamos en el viaje para convertirnos en estoicos, vale la pena que comentemos lo que Epicteto aprendió de Musonio para su propio viaje, lo cual podría guiarnos para seguir su ejemplo. Epicteto dice: «El aula del filósofo es como una "clínica": cuando sales no deberías sentir euforia, sino un cierto malestar, similar al que sientes cuando entras» (*Discursos*, III.24.20).

Hoy en día, empleamos el término «terapéutico» para referirnos a algo que es calmante o que implica el doloroso trabajo de tratar los problemas subyacentes. Un dentista recurre a la anestesia local para mitigar el dolor de una intervención, aunque el sentido principal del proceso es tratar un problema subyacente. El estoicismo no es, pues, la novocaína, sino el torno del dentista. De forma similar a la práctica de la fisioterapia, en la que nos centramos en hacer con diligencia movimientos difíciles (y en ocasiones dolorosos) para incrementar nuestra flexibilidad y funcionalidad, para Epicteto el estoicismo no pretende que evitemos el dolor, sino que lo afrontemos y superemos. La contrapartida de este malestar pasajero es la recompensa de vivir bien toda la vida. Como escribió Musonio Rufo: «Cuando te esfuerzas mucho y consigues algo que vale la pena, el esfuerzo enseguida se desvanece, pero el resultado positivo perdura. En cambio, si haces algo escandaloso para obtener una gratificación instantánea, el placer se desvanecerá enseguida, mientras que la deshonra persistirá» (*Fragmentos* 51). Algo podemos aprender y aplicar a nuestra vida del viaje de Epicteto.

Superar los obstáculos en el viaje del *prokopton*

El viaje del *prokopton* es una progresión hacia la sabiduría y el equilibrio. Sin embargo, el estoicismo no nos libra de sentir la resistencia del entorno o de experimentar momentos de duda. ¿Acaso pensábamos ni por asomo que sería fácil nadar contra la corriente que ha estado fluyendo en la misma dirección durante años, incluso décadas? Por supuesto que no. Cuando cambiamos, nuestro entorno reacciona. De la misma manera que Marco Aurelio se preparaba cada mañana para toparse con la resistencia, también deberíamos esperar encontrarnos en la vida con personas que no entienden nuestros objetivos. Es fundamental también ser conscientes de cuándo estamos asumiendo demasiadas cosas a la vez. Un buen indicador de ello son los sentimientos abrumadores de duda que hacen que la mente quiera regresar a los manidos patrones, al comportamiento agradable que nos es familiar, pero que en última instancia nos frena. Estos son, en definitiva, los «dolores de crecimiento» que acompañan al cambio. Si en lugar de sacrificar nuestra autenticidad, en busca de aprobación o para evitar la vulnerabilidad, abrazamos estos retos, obtendremos algo mucho mejor: una vida plena y satisfactoria que siempre tendrá sentido.

Es conveniente recordar que las *Meditaciones* de Marco Aurelio no son solo sus enseñanzas; son notas colectivas sobre lo que el estoicismo le enseñó y su eficacia demostrada en prácticamente cada aspecto de su vida. Este emperador romano continuó formándose hasta su muerte. Ya hemos mencionado que hizo mucho hincapié en la temporalidad, pero también en el cambio. Creía que este es un aspecto fundamental e inherente al universo, haciéndose eco de la filosofía del presocrático Heráclito. Como dijo Sócrates en el *Crátilo* de Platón, la idea de Heráclito de que «el cambio es la única constante de la vida» sigue siendo atemporal y profunda. Marco Aurelio también reconocía que el cambio suele darse a costa de la pérdida o el abandono de algo a lo que nos hemos apegado, como son las zonas de confort o la necesidad de aceptación. Porque, aunque la muerte es común para todo el mundo, estancarse y confiar en que las circunstancias externas nos hagan felices es algo así como una muerte en vida. El objetivo del estoicismo es centrarnos en el progreso y en vivir una vida plena, guiada por lo que más nos importa.

Conclusiones del capítulo 4

- El cambio es un proceso.
- Los viejos patrones se pueden volver automáticos por culpa de una serie de factores.
- Un modo sabio de ser incluye patrones de pensamiento sabio, pensamientos equilibrados y precisos, comportamientos orientados a los valores y emociones mesurados.
- Puedes emplear tus habilidades estoicas para desarrollar un patrón de vida estoico.

CAPÍTULO 5

De la exigencia a la aceptación

No exijas que las cosas sucedan tal como lo deseas. Los acontecimientos se desarrollan a su manera y la gente actúa como quiere. Si asumes esta realidad, tu vida será tranquila.

Epicteto, *Enquiridión* 8

Gayo Musonio Rufo fue uno de los principales filósofos estoicos romanos del siglo primero. Su sabiduría e integridad le hicieron merecedor de un respeto tan profundo que los eruditos contemporáneos en ocasiones se referían a él como «el Sócrates de Roma». Musonio formaba parte del grupo de estoicos que se oponían al tiránico emperador Nerón. Trásea, uno de los aliados de Musonio, decía respecto al exilio que prefería ser asesinado que desterrado, aunque Musonio no compartía esta opinión. «Si te decides por la muerte como mal mayor —empieza diciendo—, ¿en qué lógica te basas? Ahora bien, si decides aceptarla como el menor de los males, no te olvides de quién te ofreció esta opción. ¿Por qué no intentas aceptar lo que se te ha concedido?» (Epicteto, *Discursos* 1.1.26). Este capítulo se centra en la idea de que te reconcilies con la realidad manteniendo la resiliencia y la perseverancia. La sabiduría que contiene nos ayuda a reconocer que lo pasado, pasado está, y que debemos centrar nuestros esfuerzos en aquello sobre lo que realmente tenemos el control: nosotros mismos. Volveremos a tratar el tema de la sabiduría y las ideas de Musonio en un capítulo posterior.

Consideremos también el ejemplo del filósofo Epicteto. Fue esclavizado al nacer y se cuenta que era cojo de una pierna a causa del brutal maltrato físico que sufrió a manos de sus amos. Y, a pesar de esto, escribió: «La enfermedad es un impedimento del cuerpo, pero no de tu libre albedrío; a menos que decidas que lo sea. La cojera limita tu cuerpo, no tu voluntad. Considera esto en relación con todo lo que ocurre y verás que esos obstáculos no son un impedimento para ti, aunque lo sean para los demás» (*Enquiridión* 9). También señaló: «Puedes ponerme grilletes en las piernas, pero ni Zeus es capaz de vencer mi libre albedrío» (*Discursos* 1.1). Se refiere a que es posible encadenar el cuerpo, pero no la mente. Podemos deducir a partir de estas citas que, a pesar de que no controlemos nuestras circunstancias, sí somos capaces de controlar la manera de responder a ellas, por dolorosas e injustas que resulten. Para analizar cómo responder a los contratiempos veamos los ejemplos de Linda y Leo en los siguientes relatos.

> *Linda es una mujer muy activa en su fe religiosa, pero sus hijos no. Siempre les dice que vayan a la iglesia, pero cuanto más les insiste menos quieren hablar del tema.*
>
> *¿Qué crees que pasaría si insistiera más? ¿Debería obligarles a que la escucharan leer las Escrituras, o enviarles por correo electrónico las homilías de cada día? Si pidiera a sus correligionarios que los visitaran, tal vez llegarían a ellos. También podría tratar de engañarles pidiéndoles que fueran a cenar cuando el pastor estuviera allí.*
>
> *¿Conseguirá Linda lo que quiere insistiendo más? ¿Os es posible que le salga el tiro por la culata y sus hijos se alejen aún más de la iglesia?*

¿Cuáles son las expectativas de Linda?

____

____

¿Están bajo su control estas expectativas?

____

____

¿Cómo afecta a otras cosas su intento de controlar la situación?

____

____

Leo circula por el carril de adelantamiento porque llega tarde a una cita. El conductor de delante no va tan rápido como a él le gustaría. «¡El carril izquierdo está hecho para adelantar!», piensa. La rabia se va apoderando de él hasta que le grita: «Tío, ¿te importaría acelerar? ¡Voy a llegar tarde por tu culpa!».

¿Conseguirá apartar al conductor del carril izquierdo intensificando su comportamiento? Tal vez podría probar a tocar la bocina sin parar y agitar el puño. A lo mejor si se le acerca más el otro conductor decide pisar el acelerador. También podría arriesgarse y adelantarle por el arcén.

¿Conseguirá Leo lo que quiere con alguna de estas opciones? A lo mejor con su conducta desquiciada consigue que el otro conductor se aparte de su camino. Pero también podría ser que, por esa actitud, el otro se enfadara y redujera la velocidad por puro despecho. Cuanto más agresivo se vuelve Leo, más probable es que se produzca el peor de los escenarios: que le detenga la policía, que provoque un accidente o incluso que mate a alguien. Esto habría tenido unas consecuencias mucho más perjudiciales y duraderas que el simple hecho de llegar tarde a una cita.

¿Cuáles son las expectativas de Leo?

____

____

¿Están bajo su control estas expectativas?

____

____

¿Cómo afecta a otras cosas su intento de controlar la situación?

____

____

A partir de aquí todo es cuesta arriba: la eternidad de Sísifo

Según la mitología griega, Sísifo había sido castigado por Hades a pasar toda la eternidad empujando una enorme piedra cuesta arriba por una montaña, pero antes de llegar a la cima la piedra volvía a rodar hacia abajo. El problema no era que no se esforzara, sino que intentaba hacer lo *imposible*. Este relato servía en la antigüedad para describir el infierno.

Del mismo modo, los humanos caemos en los patrones de una vida similar al castigo de Sísifo cuando invertimos todo nuestro tiempo y energía en hacer algo que sabemos inalcanzable. Luchar contra la realidad puede ser un infierno en sí mismo. Como dijo Marsha Linehan, creadora de la terapia dialéctico-conductual (TDC): «La aceptación es la única manera de salir del infierno» (2014:461). Sísifo había sido obligado a pasar la eternidad empujando una roca, pero los seres humanos tenemos la capacidad para reconocer esos patrones y modificarlos.

¿En qué situaciones veo a otras personas atrapadas en un patrón como el de Sísifo?

____

____

____

¿Cómo les afecta esta búsqueda interminable?

Si abandonaran ese patrón, ¿en qué podrían invertir su tiempo y energía?

¿Qué tipo de vida me gustaría para estas personas?

Si estuviera en su lugar, ¿qué me gustaría hacer?

Vivir en armonía con la naturaleza

Marco Aurelio resume en *Meditaciones* 2.17 lo que implica vivir en armonía con la naturaleza:

> La vida humana es fugaz, nuestros cuerpos están en constante cambio, nuestras percepciones son limitadas, nuestra condición física está sujeta a la decadencia, nuestros pensamientos están siempre cambiando, la suerte es imprevisible y la fama carece de juicio. En esencia, nuestra existencia física fluye como un río, nuestro estado mental es semejante a un sueño o al vapor, la vida es una batalla en terreno desconocido y el reconocimiento póstumo se desvanece en la oscuridad. Entonces, ¿qué nos guía? Solo la filosofía. La filosofía es mantener la armonía interior, resistir las presiones externas, soportar el dolor y el placer con determinación, actuar con sinceridad y enfrentarse a la muerte con serenidad, puesto que esta no es más que la disolución de nuestra estructura elemental. Si la naturaleza cambia de manera constante sin hacer daño, ¿por qué tememos la transformación y disolución de nuestros propios elementos? Todo está de acuerdo con la naturaleza, y nada que sea natural se puede considerar malo.

El estoicismo sostiene que hay un orden racional en el universo que se denomina «naturaleza» o «logos». Los estoicos afirman que para vivir en armonía con la naturaleza tendríamos que ajustar nuestros pensamientos, acciones y deseos a este orden racional. Esto implica reconocer y aceptar el curso natural de los acontecimientos, incluida la propia mortalidad, y no resistirse o enojarse ante ellos. Implica responder con resiliencia y no con miedo.

Vivir en armonía con la naturaleza supone también hacerlo de acuerdo con la razón, empleando las facultades racionales para guiar nuestras acciones y decisiones. Lo que nos diferencia de los animales es la capacidad de razonar. Un perro ladra o muerde de manera natural cuando se siente amenazado, pero en nuestro caso no podemos (ni *debemos*) hacerle eso a nuestro jefe o cónyuge. Este tipo de comportamiento va en contra del razonamiento humano, que *es* natural para nosotros. Los seres humanos tenemos la capacidad de detenernos y calcular los riesgos sin dejarnos llevar por las emociones; podemos suspender el juicio y examinar nuestras impresiones iniciales. Somos capaces de comportarnos como escribió Marco Aurelio: «El sufrimiento que te provocan los acontecimientos no viene del acontecimiento en sí, sino de tu dictamen sobre eso, pero está en tus manos eliminarlo ya» (*Meditaciones* 8.47). De la misma forma, la oración de la serenidad es típica de casi todos los programas de rehabilitación de 12 pasos: «Dios, concédeme la serenidad para aceptar las cosas que no puedo cambiar, el coraje para cambiar las que puedo cambiar y la sabiduría para reconocer la diferencia entre ellas».

En definitiva, luchar contra lo que no podemos cambiar es lo que siembra discordia en nuestra vida. Decidir no aceptar la realidad de una situación no solo no la modifica, sino que nos hace sentir peor al respecto, porque provoca un trastorno emocional que nos lleva a buscar cualquier cosa para aplacar nuestros sentimientos, en vez de resolver de forma activa cómo nos sentimos. El caso es que solemos elegir el vicio en lugar de la superación, porque en el momento parece más fácil, aunque eso no hace la *vida* más fácil. La realidad nos espera para cuando regresemos a un estado sobrio, y cuanto más la neguemos más fracasaremos. Si aceptamos la realidad y la adversidad que puede traer consigo, mantendremos el rumbo de nuestra vida. Como dijo en una ocasión el filósofo Bion de Borístenes: «Si intentas agarrar una serpiente por el centro de su cuerpo, seguro que te picará. Pero si la sujetas por la cabeza no te podrá picar» (Teles de Megara, *Sobre la autosuficiencia*). Por tanto, acepta lo incómodo, y lo incómodo perderá su poder sobre ti. Vivir en armonía con la naturaleza es también la base de la terapia de aceptación y compromiso (TAC) y de la terapia cognitivo-conductual (TCC), las cuales animan a la gente a aceptar sus sentimientos y a no negarlos ni sentirse mal por ellos.

Amor Fati

Amor fati es una frase en latín que usa mucho el estoicismo, y que significa «amor al destino» o, en el contexto actual, «aceptar el propio destino». Aceptar nuestro destino no es una actitud pasiva, sino proactiva, que nos proporciona cada vez más información. La sabiduría de este lema combina con la de una vieja canción de Crosby, Stills y Nash, que cantan sobre una situación en la que no estás con la persona con la que te gustaría estar, pero sí puedes amar a la persona con la que estás. Aunque tu destino no sea la vida que habrías elegido, es la que tienes, y cuando se acabe no habrá vuelta atrás. Por lo tanto, ¿qué puedes hacer? ¿Vivir la vida con resentimiento porque no es la que habrías querido? ¿O aceptar tu destino e intentar sacar lo mejor de él?

Los filósofos estoicos Crisipo de Solos y Zenón coincidían en una analogía que dio a luz a uno de los más famosos proverbios sobre la aceptación: «Un perro atado a un carro no tiene más remedio que seguirlo, aunque no sepa dónde se dirige ni por qué lo hace. Y, pese a que se resista a ir en esa dirección e intente apartarse, nada podrá hacer contra la dirección del carro» (Hipólito, *Refutación de todas las herejías* 1.21). ¿Cuál es la moraleja de la historia?: «Déjate llevar o te arrastrarán».

Así también las personas estamos atadas al curso del destino y tenemos que aceptar lo que nos pasa, nos guste o no, y pese a que no lo entendamos. Esto nos permite centrarnos en lo que tenemos bajo control. Lo que hagamos a continuación determinará nuestro futuro. Si *amor fati* significa amar tu destino, entonces es necesario adoptar una perspectiva a largo plazo. La próxima vez que sintamos que la desesperación nos ahoga a causa de circunstancias desafortunadas, acordémonos del *amor fati*; nuestra aceptación no es un destino final, pero sí posibilita un nuevo comienzo. Aceptando los acontecimientos les quitamos poder, y esto nos ayuda a dar sentido y propósito a situaciones difíciles. En otras palabras, es otra manera de autoconocernos.

La aceptación radical

Una de las enseñanzas centrales de la terapia dialéctico-conductual es el concepto de aceptación radical. Cuando nos encontramos ante una situación en apariencia intolerable o inaceptable, nuestra respuesta emocional puede ser la de arremeter con rabia contra ella, o evitarla y caer en la desesperación. La aceptación radical es la aptitud para tolerar la angustia. La idea es aceptar la situación tal cual es, de manera que lo que hagamos ahora no tenga consecuencias negativas en el futuro. Para ello tendremos que obligarnos a aceptar la realidad tal como es. Este nivel profundo de aceptación deliberada es lo que se denomina «aceptación radical».

En economía, el término «coste de oportunidad» significa que al decir sí a algo estamos diciendo no a otra cosa. Por lo tanto, cualquier elección que hagas va a tener el coste de una oportunidad perdida. Y el tiempo dedicado a la no aceptación tiene el coste de oportunidad del tiempo y la energía que podrías haber dedicado a hacer algo que de verdad te importa. Como afirmó Séneca: «Mientras esperamos la vida, la vida pasa» (*Sobre el ahorro del tiempo*, Cartas 1.1).

¿Qué cantidad de tiempo y energía invierto en la no aceptación?

___

___

¿Qué oportunidades he perdido por no aceptar la realidad?

___

___

¿En qué otras cosas preferiría invertir mi tiempo y energía?

___

___

La realidad no espera a que la aceptemos para existir. La aceptación implica que estamos operando según el principio de realidad, no luchando contra ella. La cultura militar tiene un lema, «aceptar la adversidad», refiriéndose a la idea de que de vez en cuando ocurren cosas desagradables pero inevitables, sobre todo si se quiere progresar. En estas situaciones, lo más sensato es aceptar la situación e intentar sacarle el máximo partido.

Nos puede desagradar una situación y aun así aceptarla tal cual es. Imagínate que vas a abrir una puerta tirando de ella y que no se abre. Al mirar te das cuenta de que hay un gran letrero en la puerta que pone «empujar». La aceptación radical es reconocer que lo que estás intentando hacer no funcionará y que, en lugar de forzar la apertura de la puerta tirando de ella, lo que has de hacer es empujarla. Este es un ejemplo bastante simple, pero en la vida real la aceptación suele ser más necesaria en situaciones difíciles.

Si te estás ahogando en los rápidos de un río y no sabes nadar, la solución más clara sería aprender a nadar; sin embargo, que alguien te explicara desde la orilla cómo nadar a braza no sería demasiado eficaz en este momento. Lo que necesitas es algo donde poder agarrarte y flotar, además de superar la situación sin empeorarla. Puede que sea inevitable que tragues agua, pero tu objetivo es tragar la menor cantidad posible, y sobrevivir. Una vez que llegues a una zona del río más tranquila, tus objetivos cambiarán: allí sí que podrías aprender a nadar. Si alguna vez has estado en un río, sabrás que la corriente cambia de velocidad una y otra vez, y en cada momento los objetivos al enfrentarse a ello son diferentes. La aceptación radical suele ser un buen enfoque para afrontar las circunstancias de la vida sin empeorar la situación.

El cerebro humano ha evolucionado hasta ser muy bueno en la resolución de problemas, tal vez incluso demasiado bueno. Como dijo en una ocasión el conocido psicólogo Abraham Maslow: «Cuando la única herramienta que tienes es un martillo, todo problema comienza a parecerse a un clavo» (1966:15-16). El cerebro es tan bueno en la resolución de problemas que puede ver cualquier situación como un problema a resolver, aunque no sea capaz de resolverlo. Así, tiende a ponerse en «modo resolución de problemas» ante cualquier cosa que considere un problema potencial. Por tanto, la aceptación radical de una situación no es algo que se produzca una sola vez; podemos aceptar algo y estar de acuerdo con ello, centrando nuestros esfuerzos en lo que queda bajo nuestro control, pero es probable que la mente vuelva a ese lugar predeterminado de no aceptación. Por lo tanto, debemos dirigir la mente (y el corazón) hacia la aceptación una y otra vez. ¿Y cómo lo hacemos?

Una buena técnica para desarrollar la aceptación radical es la de recitar determinadas citas estoicas. Por ejemplo, cuando te enfrentes a algo molesto que no puedas controlar, procura salir del atolladero diciendo: «Las cosas que no podemos controlar. Dime la conclusión. No son nada para mí» (Epicteto, *Discursos* 3.16). Es crucial la forma de decirlo mentalmente (o en voz alta). Se requiere algo de experiencia para reconocer el impacto diferencial de cada forma de recitarlo, ya que las palabras tienen una capacidad limitada para transmitir matices relevantes.

Aceptar lo que cuesta aceptar

Una de las partes más difíciles de la aceptación radical es que las situaciones en las que más la necesitamos suelen ser precisamente las más duras y difíciles de aceptar. Una buena estrategia consiste en incorporar los principios de la terapia dialéctico-conductual. La dialéctica supone buscar una visión más matizada de la situación abordando y sintetizando aspectos que podrían parecer contradictorios. Por ejemplo, podemos estar en una situación en la que necesitamos mejorar lo que hacemos, pero lo estamos haciendo lo mejor posible. Esto genera tensión y contradicción. Podríamos resolver esta contradicción abordando ambas cosas de manera simultánea, diciendo: «Estoy haciéndolo lo mejor que puedo», por un lado, y «Necesito hacerlo mejor», por otro. Está claro que, si seguimos haciéndolo lo mejor que somos capaces, lo que hacemos mejorará. La libertad para mejorar la situación reside en aceptar la realidad de lo que ocurre.

Como dijo Tara Brach, autora de *Aceptación radical*: «El límite de lo que podemos aceptar es el límite de nuestra libertad» (2004:44).

El psicólogo Hank Robb aconseja adoptar una estrategia que consiste en clasificar los problemas a los que nos enfrentamos en función de si es o no culpa nuestra que hayan ocurrido y si es o no nuestra responsabilidad abordarlos. El problema surge cuando no es culpa nuestra que hayan ocurrido, pero sí tenemos la responsabilidad de abordarlos. La dolorosa verdad es que la situación en la que nos encontramos puede ser injusta: sufrimos por algo que no hemos provocado y encima nadie viene a rescatarnos. La aceptación radical en estos casos sería preguntarnos: «¿Qué opciones tengo?» y «¿Qué voy a hacer?», y a continuación emprender una acción.

Clasifica algunos de tus problemas en categorías en función de si son el resultado de tus acciones y si es responsabilidad tuya abordarlos. El objetivo no es señalar al culpable, sino ver en qué has de centrarte y qué has de dejar ir.

No es culpa mía y no es mi responsabilidad	**No es culpa mía y sí es mi responsabilidad**
Es culpa mía y no es mi responsabilidad	**Es culpa mía y es mi responsabilidad**

¿Dónde tengo que centrar mis esfuerzos?

____

____

____

____

¿De qué tengo que desprenderme?

____

____

____

____

Otra opción para la aceptación es abrazar ambas partes del dilema de manera simultánea. Podemos autovalidar por qué tiene sentido nuestro enfado y, *al mismo tiempo*, centrarnos en la necesidad de aceptación. Por ejemplo, podríamos decir:

> La situación no es culpa mía *y* es mi responsabilidad resolver el problema.
>
> Es injusto que haya ocurrido esto *y* esto es lo que ha ocurrido.
>
> Odio por completo esta situación *y* esto es lo que es.

Nada de esto habría ocurrido si la gente hubiera hecho lo que tenía que hacer y tengo que jugar con las cartas que me han dado.

Me preocupa mucho cómo va a acabar esto y he hecho todo lo que he podido; ahora ya no está en mis manos.

Intenta escribir frases que unan la razón por la que te cuesta aceptar la situación y la realidad de que tienes que aceptarla. Utilizar la palabra «y» entre ambas afirmaciones es una manera de aceptar ambas partes. Encontrarás una copia descargable de este ejercicio en inglés http://www.newharbinger.com/52663

Ambas son ciertas		
Por qué es difícil de aceptar	**Y**	**La realidad de que tengo que aceptarla**
Ejemplo: Está mal lo que hicieron	*y*	No puedo cambiar lo que pasó

Al practicar la habilidad de la aceptación, cuidado con no caer en el peligro de la resignación. No se trata de vivir una vida de indiferencia, sino de aceptar de una manera radical lo que no puedes cambiar, para capear el temporal y no empeorar las cosas. Concentra tus energías y esfuerzos en construir una vida llena de sentido y guiada por tus valores. Dispondrás de más tiempo y energía para invertir en una vida plena si eres capaz de aceptar las cosas que no puedes controlar.

Conclusiones del capítulo 5

- Cuando tus expectativas se convierten en exigencias, tu angustia se agrava, eres menos eficaz en la resolución de problemas y te olvidas de vivir de forma vital.
- Las exigencias implican insistir en que el mundo sea diferente de lo que es.
- *Amor fati* o aceptar el propio destino implica reconocer que la vida fluye de una manera determinada, y prosperar significa centrarse en lo que viene a continuación.
- La aceptación radical es una estrategia fundamental para gestionar las cosas que no están bajo tu control.
- La aceptación no es resignación.

CAPÍTULO 6

Tolerar el malestar y reducir el sufrimiento

Sufrimos más en la imaginación que en la realidad.

Séneca, *Sobre el miedo infundado* 13.4

La forma más fácil y eficaz de librarse de situaciones estresantes es, simplemente, evitarlas. Sin embargo, cuando se trata de superar la ansiedad lo más fácil y efectivo es someternos a esas mismas situaciones estresantes. Y es que al sustituir el malestar emocional por la breve libertad de no tener que sentirlo ya no ejerces control sobre tu vida y has dejado que el miedo tome decisiones por ti.

La mejor de las intenciones nunca es una defensa infalible contra los acontecimientos estresantes o incluso trágicos que nos ocurren. Cuando sucede algo desafortunado, podemos elegir entre dejar que sus efectos nos hagan mella o hacerle frente de forma saludable, empleando nuestra sabiduría para contemplarlo desde una perspectiva más amplia.

Catón el Joven: exponerse al estrés y hacer lo que hay que hacer

En la *República* de Platón, Sócrates afirma que la persona sabia de verdad es la que reconoce que quejarse en exceso ante las desgracias no aporta ningún beneficio, ya que «no tiene ninguna ventaja tomárselas muy a pecho».

Basándose en unos principios similares de autodisciplina y resiliencia, Catón el Joven, un político y orador romano que estuvo muy influenciado por las enseñanzas de Cleantes, vivió con sencillez, valoró la integridad y arriesgó su vida al oponerse al ascenso de Julio César y a su dictadura. También fue famoso por exponerse de manera voluntaria al estrés en nombre de la autodisciplina y la búsqueda de la virtud. Plutarco, biógrafo y seguidor de Platón de la época, escribió que Catón se comprometió a llevar un casco pesado y una armadura más pesada incluso para sus actividades cotidianas, con el fin de desarrollar resistencia y resiliencia contra el dolor. También emprendía largas marchas y ejercicios, acarreando ese engorroso y asfixiante equipo, con el objetivo de fortalecer mente y cuerpo.

El caso es que no era fama lo que buscaba con sus ejercicios, sino adoptar y fomentar la idea de que la resistencia al estrés tiene su recompensa. Y, pese a que lo demostró muchas veces a lo largo de su carrera, esta idea nunca fue tan evidente como cuando se le instó a que buscara un oráculo para predecir el resultado de la batalla que iba a librar contra César, y descartó la idea alegando que, para él, eso no era lo importante. Decía que, aunque le profetizaran que perdería, no retrocedería, porque luchar contra la tiranía era lo que había que hacer.

El legado de Catón no solo se basa en su trayectoria militar y política, también en su compromiso inquebrantable con sus principios y su integridad. Es por esta firme resolución a negarse a ceder al sufrimiento por lo que más se le recuerda hoy en día. Su vida y sus acciones se hicieron eco de algunos de los últimos filósofos estoicos, como Séneca, Epicteto y Marco Aurelio. Citado con frecuencia como ejemplo de las virtudes estoicas, Catón aprovechó sus acciones para ilustrar el concepto estoico de vivir en armonía con la naturaleza y la razón. Su integridad moral, su autocontrol y su disposición para afrontar los retos coincidían con las enseñanzas estoicas sobre la relevancia de cultivar la virtud y de responder a la adversidad con sabiduría.

Al final, los ejércitos de César derrotaron a los del Senado. El nuevo emperador se ofreció a perdonar a quienes se habían opuesto a él, a cambio de que reconocieran su autoridad. Sin embargo, el compromiso de Catón con los principios estoicos y su firme adherencia a sus valores le decían que no podía aceptar semejante injusticia. De modo que optó por suicidarse antes que legitimar la dictadura de César. Su integridad le convirtió así en una figura prominente de la tradición estoica. Sus acciones y su carácter sirvieron de inspiración a los siguientes filósofos estoicos y aún hoy continúa siendo reconocido como un poderoso ejemplo de ética y virtud estoica.

La mano del destino está sobre nosotros,

y el cielo exige severidad en nuestros pensamientos.

Ahora no es momento de hablar de nada más

que de cadenas o de conquista, de libertad o de muerte.

Joseph Addison, *Catón en Utica: tragedia* (1713), Acto II, Escena 4

Antes de la Guerra de la Independencia de los Estados Unidos, existía una producción teatral conocida como *Catón en Utica: tragedia*. Esta obra describe los últimos momentos de Catón el Joven. El relato de su lucha contra la tiranía tuvo una buena recepción en aquel momento, y Catón se convirtió en el modelo a seguir de George Washington, que hizo representar la obra en Valley Forge durante la guerra. Hay varias citas relevantes de dicho periodo histórico que se supone que derivan de esta obra, como la de Patrick Henry que dice: «Dame la libertad o dame la muerte»; y la de Nathan Hale que reza así: «Lamento tener solo una vida para dar por mi país» (véase Harper, 2014). El valor y la integridad de Catón resonarían, por tanto, a lo largo de los siglos.

Pero ¿por qué deberíamos ser más como Catón, y que nuestra prioridad fuera hacer lo que hay que hacer en todo momento, por mucho que nos cueste? Pues porque más allá del miedo y la incomodidad que muchas veces provoca hacer lo que hay que hacer se encuentra la liberación de los caprichos del destino y las circunstancias dictadas por el mundo. Esperemos que, al igual que estos estoicos tan bien considerados, otros sigan nuestro ejemplo. Este capítulo trata sobre cómo incrementar la capacidad de tolerar el malestar para poder centrarte en vivir bien a largo plazo.

Musonio Rufo y la importancia de la práctica experimental

Gayo Musonio Rufo, uno de los cuatro grandes estoicos romanos, enfatizaba la importancia de la práctica para aprender a vivir de una manera estoica. Esto contrasta con la idea de tratar de aprender el estoicismo a través de medios pura o principalmente intelectuales. Él ofrecía varias analogías para ilustrar este punto, como la de un músico que intenta aprender a tocar un instrumento estudiando un libro, o bien tocándolo muchas horas. Esta práctica de entrenar tanto la mente como el cuerpo tiene implicaciones directas en la tolerancia al sufrimiento. Una idea fundamental del estoicismo es que en la adversidad reside la oportunidad de crecimiento. Si nos entrenamos en hacer cosas difíciles (pero no peligrosas) desarrollaremos nuestros «músculos» de tolerancia al sufrimiento.

Piensa en el ejemplo de nadar en agua fría. Si bien es cierto que no existen registros de que los antiguos estoicos se expusieran a baños o duchas de agua helada, muchos estoicos actuales ponen esto en práctica para fomentar su resistencia mental. Merece la pena mencionar que la exposición al frío estimula la respuesta natural del cuerpo al estrés, lo que provoca la liberación de hormonas como la adrenalina, la noradrenalina y las endorfinas. Lo mismo ocurre cuando nos damos el primer chapuzón en la piscina o en el mar: al principio nos da impresión, pero al adentrarnos nos vamos acostumbrando al agua fría. En las situaciones estresantes la reacción es similar. Si cuando surgen tenemos la disposición a quedarnos y afrontarlas, la sensación de sobresalto inicial desaparece, lo que nos permite nadar en vez de salir corriendo.

En la cultura militar actual existe el siguiente lema: «Entrena como luchas y lucha como entrenas». Del mismo modo, para aprender a tolerar el sufrimiento que provocan determinadas realidades de la vida, la sabiduría estoica te recomienda que practiques la exposición a ese sufrimiento.

Desarrollar la tolerancia al sufrimiento

La mejor manera de aprender a tolerar el malestar es mediante la práctica repetida de la exposición voluntaria a él. En esta práctica, la mentalidad es la clave. Si lo abordamos como una oportunidad de entrenar y desarrollar la fortaleza será más efectivo que si nos lo planteamos como algo insoportable. Por otro lado, cuanto más variable sea el tipo de malestar, más amplio será el aprendizaje. Puede ser útil organizar tu práctica por categorías que incluyan los ámbitos físico, emocional y cognitivo. También identificar las prácticas que podrías añadir a tu rutina diaria o semanal. Considera adoptar algunos de los ejercicios de tolerancia al sufrimiento que te presentamos a continuación:

Ejercicios físicos

- Ducharse con agua fría.
- Renunciar a un alimento preferido, o beber café sin azúcar.
- Usar las escaleras y no el ascensor.
- Aparcar a unas manzanas del destino para tener que caminar.
- Hacer planchas y otras formas de ejercicio.
- Sostener un cubito de hielo en la mano.

Ejercicios emocionales

- Ver una película que te provoque una emoción desagradable.
- Leer un artículo sobre una noticia desagradable.
- Entablar una conversación relevante pero desagradable.
- Dejar por un momento lo que estás haciendo para conectar con las emociones que estás experimentando.
- Recordar algo que de verdad quieres, pero que no tienes, y pensar en ello un rato.

Ejercicios cognitivos

- Llevar a cabo una actividad agotadora desde el punto de vista cognitivo y que no te guste (como resolver un problema complejo).
- Aprender algo sobre un tema que te cueste entender.
- Recordar algo que te haga enfadar o te ponga triste. Después, intentar verlo desde la indiferencia, diciéndote frases como «No puedo modificar el pasado, así que no voy a dejar que esto afecte a mi presente o futuro», o «Que sea lo que tenga que ser, y no un freno para mi desarrollo».
- Identificar aspectos de tu vida que hace tiempo que no te satisfacen. Luego, en lugar de dejarte abrumar por ellos, considéralos uno por uno y analízalos con objetividad. Y date el mismo consejo que darías a un buen amigo sobre cómo afrontar estas situaciones.

Estos son solo algunos ejemplos. ¿Podrías identificar otras prácticas? Si es así, escríbelas a continuación:

____

____

____

____

____

____

Una vez hayas identificado uno o más ejercicios, especifica con qué frecuencia los practicarás. Por ejemplo:

- Una vez a la semana me ducharé con agua fría.
- Me abstendré de comer tal cosa durante un mes.
- Elegiré al azar un ejercicio de práctica semanal.

La visión desde arriba

Mucha gente pasa de puntillas por la vida sin darse cuenta. Al igual que los horrores de la incertidumbre, gran parte de los males que provoca una situación provienen de su efecto sobre la imaginación. Sin embargo, al adoptar la técnica de «ver las cosas desde arriba» o distanciarnos mentalmente del problema seremos capaces de apreciarlo con mayor claridad y entenderemos su contexto.

La «visión desde arriba» es una técnica estoica de visualización que ayuda a tomar distancia de la situación (es conocida también como «distanciamiento cognitivo») para contemplar todas sus facetas. Una de las muchas fuentes de inspiración antiguas para esta técnica es la mitología de los dioses que residían en el monte Olimpo, desde donde podían observar a toda la humanidad. Desde esa altura (metafóricamente hablando, claro) también podemos ver las cosas de forma global y tener a la vez una «perspectiva más elevada». Ello nos permite evaluar la situación con mayor objetividad y serenidad, y obtener una comprensión más general e imparcial de la misma. Los prejuicios son peligrosos, porque nos llevan a emitir juicios injustos o imprecisos en la toma de decisiones. Aun así, a menudo tomamos estos atajos mentales o hacemos suposiciones basadas en nuestras experiencias y creencias, lo que influye en cómo percibimos e interpretamos la información. En otras palabras, los prejuicios nos impiden considerar todas las pruebas disponibles y pueden llevarnos a tomar decisiones que no redunden en nuestro beneficio ni en el de los demás. En cambio, las mejores decisiones, las más justas y seguras, son las que tomamos con conocimiento de causa, y esto es justo lo que garantiza esta herramienta estoica.

Por ejemplo, imagina que te han abandonado *al mismo tiempo* tu pareja y tu jefe. ¡Boom! Tocas fondo. Con el ego (y el trasero) magullados ¿cómo esperas recuperarte? En primer lugar, desde ahí abajo no tienes una perspectiva global de la situación. ¿Ves ese cestillo de cuerda que hay junto a ti? Sí, ese que está enganchado a un globo aerostático. Súbete a él, por favor. Espero que no te den miedo las alturas...

¡Vaya! ¡Mírate ahora! Apuesto a que puedes ver todo tipo de cosas desde ahí arriba, muy por encima de ese pozo de sentimientos. ¿Qué es eso? ¿Ves, quizá, la oportunidad de reinventarte? ¿Un borrón y cuenta nueva para que no tengas que decir «si pudiera hacerlo todo desde cero...», porque justo ahora tienes la oportunidad de hacerlo? Ah, ¿dices que tienes *libertad* para hacerlo? De todos modos ¿no es cierto que la madre de tu pareja era una pesada?

Y ahora ya lo tienes, a vista de pájaro. No, no es la sangre que se te ha subido a la cabeza lo que te da esa sensación de ligereza. Es que has elegido bien tu perspectiva, que ahora es la de una persona sabia. Y aunque no estemos ahí para ponerte zancadillas, la próxima vez que sientas una absoluta desolación ante un problema puedes subirte a la cesta de tu «dirigible cognitivo» y navegar en ese «globo cerebral» sobrevolando los estímulos externos del mundo que queda ahí abajo.

Cuando te sientas impotente, dibuja tu propia versión de la Figura 3 para obtener esa visión desde arriba. En el pequeño punto que eres tú residen tus sentimientos sobre la situación, tus impresiones y suposiciones iniciales, etc. En el gran círculo que hay a tu alrededor están las otras personas que intervienen en la situación, los factores que tal vez todavía no has tenido en cuenta, las posibles soluciones y los demás elementos que solo se perciben al contemplar el panorama completo.

Veámoslo con el ejemplo de una persona preocupada por el impacto del cambio climático en su comunidad, en concreto por las emisiones de dióxido de carbono que provoca el uso de cantidades masivas de energía. Lo más probable es que al principio se sienta desanimada por la magnitud del problema. Cuando nos enfrentamos a temas como la polución, la deforestación o el cambio climático es lógico que nos sintamos abrumados e impotentes. Sin embargo, si nos detenemos a considerar el contexto global en el que ocurren estos problemas, tal vez veamos tales desafíos como oportunidades para crear un futuro más sostenible y equitativo (Figura 4).

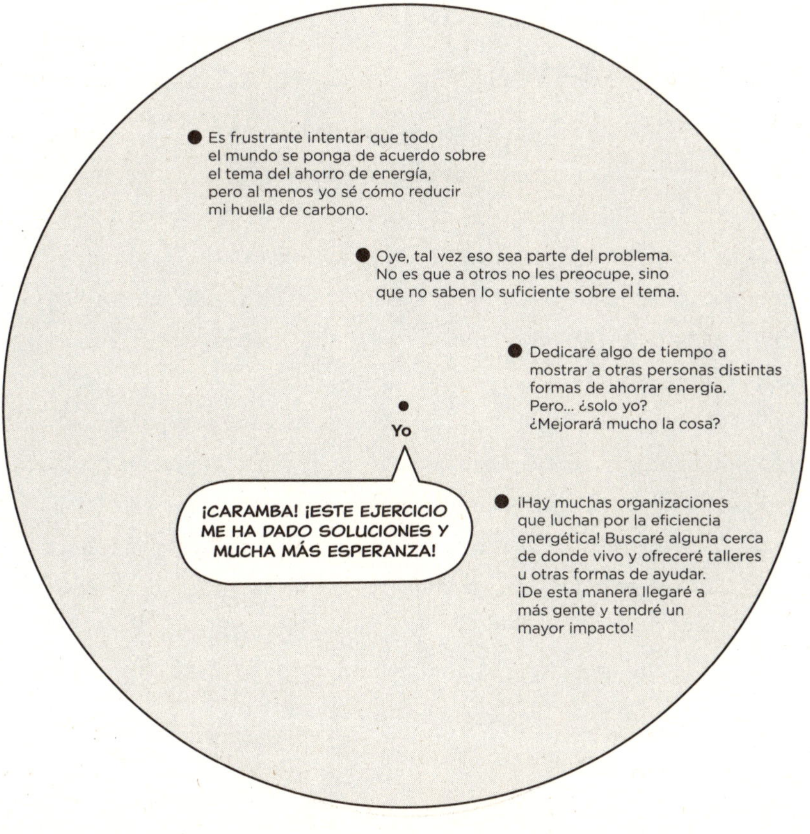

Recuerda que el estoicismo nació de un contratiempo. Pero tenemos que recordar también que dicho contratiempo fue, en primer lugar, una elección de perspectiva. Si Zenón, tras perderlo todo, hubiera tirado la toalla, no habría hallado la sabiduría de Sócrates que inspiró su poderosa escuela de pensamiento, que después ha ayudado tanto a tantas personas durante siglos. Puedes darle la vuelta a la tortilla; está en tus manos hacerlo. Si eres capaz de detenerte y hacer balance del panorama general, pasarás de la impotencia al poder, y así empezarás a tomar el control de tu destino y de tu vida.

Explorar la aversión al sufrimiento

El ejemplo anterior es una forma de aplicar la «visión desde arriba», es decir, de reconocer la oportunidad en una situación negativa. Sin embargo, hay muchas maneras de que la visión desde arriba beneficie a tu situación y tu salud mental si las aplicas en tu vida cotidiana. Por ejemplo, puede ayudarte a tomar distancia de los pensamientos perturbadores para que logres desentenderte de ellos y verlos como lo que son: solo pensamientos.

Los estoicos consideraban que los pensamientos perturbadores añadían más dolor aún a una situación ya de por sí angustiosa. Séneca escribió: «¿Cómo contribuye a que parezcan peores los problemas el hecho de lamentarse de ellos?» (*Cartas morales*, 78.13). Sin duda, el dolor y el sufrimiento son parte intrínseca de la vida; un estoico que sea sabio no intentará evitarlos. Al revés, la visión estoica sobre las sensaciones desagradables es que luchar contra ellas solo las empeora. Por ejemplo, si tienes un dolor emocional y te enfadas porque no eres feliz, entonces experimentas tanto el dolor emocional como el enfado por ese dolor. ¿Cómo, pues, tolerar los sentimientos de angustia? Prueba a hacer el siguiente ejercicio, elaborado por el psicólogo Hank Robb (2022). Encontrarás una copia descargable en htp://www.newharbinger.com/52663

Sentirse a gusto con el sufrimiento

Identifica una emoción que estés sintiendo y que describirías como desagradable: ________________

Puntúa el malestar que te causa en una escala de 1 a 100, donde 1 = no me molesta nada y 100 = es la angustia más intensa que jamás he sentido: ________________

Ahora divide este número en dos componentes:

- Las sensaciones reales que experimentas.
- La reacción de «¡no quiero tener estas sensaciones!» que experimentas frente a las sensaciones reales.

¿Cuál de los dos componentes es mayor? _______

Si la reacción «¡no quiero estas sensaciones!» que sufres frente a las sensaciones reales es mayor, divídela a su vez en sus componentes:

- «No quiero tener estas sensaciones.»
- «NO DEBO TENER estas sensaciones.»

¿Qué componente es mayor? _______

Intenta centrarte en tu malestar mientras te dices lo inaguantable que es. ¿Qué pasa cuando te dices que la sensación es insoportable o que no la aguantas?

Intenta centrarte en tu malestar mientras te dices lo soportable que es. ¿Qué pasa cuando te dices que puedes soportar la sensación a pesar de ser desagradable?

¿Qué has aprendido?

Los terapeutas cognitivo-conductuales han identificado dos patrones cognitivos similares que tienden a exacerbar el sufrimiento innecesario: el catastrofismo y el fatalismo. El catastrofismo consiste en predecir consecuencias catastróficas y el fatalismo en ver las cosas peor de lo que son.

Evento que lo provoca: «¿Qué ha pasado?»

____

____

____

Creencia: «¿Qué pensamientos, miedos, imágenes o predicciones corren por mi mente?»

____

____

____

Consecuencia: «¿Cómo me han hecho sentir? ¿Qué me han llevado a hacer?»

____

____

____

A veces nuestros ansiosos pensamientos intentan engañarnos para que nos los creamos, y para ello emplean algo denominado «catastrofismo». Esto incluye sobreestimar la probabilidad de que algo malo ocurra y subestimar la propia capacidad para afrontarlo.

Describe un acontecimiento futuro por el que experimentes ansiedad.

___

___

¿Cuál sería el *peor* escenario?

___

___

¿Cuál sería el *mejor* escenario

___

___

¿Cuál es el escenario *más probable*?

___

___

A veces también tenemos pensamientos irracionales como el «fatalismo». Este genera un sufrimiento innecesario, porque nos hace creer que las cosas son peores de lo que son, lo que nos lleva a dar respuestas conductuales ineficaces.

Si ocurriera mi predicción ¿sería de verdad horrible/terrible/insoportable?

____

____

¿Podría autoconvencerme de que quizá fuera malo, pero no terrible o insoportable?

____

____

¿Cuál es mi nueva perspectiva?

____

____

____

¿Cómo me siento y qué me apetece hacer?

____

____

¿Se ajusta a mis objetivos y valores a largo plazo?

____

____

Una vez haya pasado el acontecimiento, responde:

¿Qué ha pasado en realidad?

____

____

____

¿Qué he aprendido?

____

____

____

Premeditatio malorum

Donald Robertson (2019) dijo en su libro *Cómo pensar como un emperador romano* que el estoicismo va del *¿qué pasa si…?* al *¿y ahora… qué?* El *premeditatio malorum* (o ensayo cognitivo) supone preestudiar mentalmente el mal futuro y visualizar el peor de los escenarios. ¿Y qué pasa si ocurre lo peor? Este método ayuda a analizar lo que eso significa, cómo es, para ver hasta qué punto importa a largo plazo. Las personas que no siguen bien el método se sienten ansiosas y preocupadas ante un acontecimiento cualquiera, porque se imaginan lo que podría ocurrir y agonizan pensando en lo horrible o intolerable que sería. En cambio, un estoico se imagina lo que podría ocurrir y lo analiza con resiliencia e indiferencia estoicas. Es decir, reconoce que pueden ocurrir cosas malas, pero que no le destruirán. Este es un aspecto fundamental de la práctica. Esa incomodidad no dura mucho y, cuanto más ensayes ese momento, mayor dosis de vacuna tendrás contra la sensación. Es como viajar en el tiempo: ya habrás estado allí, y habrás hecho eso tantas veces que no tendrá apenas impacto emocional en ti. Como dijo Séneca: «Cuánto más lo anticipes, menos te disgustará cuando llegue» (*Sobre el poder sanador de la mente*, Carta 78).

El *premeditatio malorum* ha sido considerado por algunos una «visualización negativa», pero no es tan pesimista como suena. En realidad, lo que hace es tomar lo negativo y «vaciarlo» de su efecto negativo. Nos ayuda a superar cualquier límite que tenga el efecto emocional de la adversidad. Nos da el coraje necesario para tomar decisiones y hacer lo que más nos conviene tras haber considerado todas las opciones. Al igual que un boxeador que practica con un adversario imaginario, la persona sabia se prepara para la adversidad de manera que, cuando aparezca, esté preparada desde el punto de vista mental y sea capaz de resistir el combate.

Séneca, en su carta a Lucilio (76.34-35), vuelve a defender con energía la preparación ante la adversidad:

> Los insensatos y los que confían en la suerte ven cada acontecimiento nuevo como un reto novedoso e inesperado. En el caso de los inexpertos, gran parte de la dificultad a la que se enfrentan proviene de la novedad de su situación. Sin embargo, los que son sabios se habitúan a las dificultades inminentes contemplándolas durante un largo periodo, con lo que reducen su severidad. La persona sabia reconoce que todo es posible y puede decir con confianza «ya lo sabía», sea cual sea la circunstancia.

La frase de Séneca: «Las cosas peores de soportar son las más dulces de recordar» se hace realidad cuando nos hemos preparado para lo peor y recibimos lo mejor, o incluso lo no tan malo. Encontrarás una copia descargable de este ejercicio en inglés http://www.newharbinger.com/52663

Cambiar el «qué pasaría si...» por el «y ahora qué»

¿Hay algo que tenga que hacer, pero esté posponiendo porque temo lo desagradable que puede ser?

___

___

___

¿Por qué es importante hacerlo?

___

___

___

Cuando pienso en hacerlo, ¿cuál me imagino que será la peor parte?

___

___

___

¿Me preocupa más lo malo que creo que será o lo mal que creo que podré tolerarlo?

Si el problema es que temo que la situación sea insoportable, ¿podría probar a ver el problema desde la indiferencia estoica?

Si el problema es que dudo de mi capacidad para tolerar la molestia, ¿podría probar a considerar la situación recordándome al mismo tiempo que soy resiliente?

¿Qué ocurre cuando me digo que es un problema incómodo, pero no insoportable?

Memento Mori

Podrías morir en este momento. Deja que eso determine lo que haces, dices y piensas.

Marco Aurelio, *Meditaciones* 2.11

Si te dieran solo veinticuatro horas de vida, ¿qué harías? ¿Las pasarías con las personas a las que más quieres? ¿Les dirías a tu cónyuge, amigos e hijos cuánto les quieres? ¿Aprovecharías también para decir lo que llevas tiempo deseando expresar sobre las injusticias del mundo? ¿Les dirías a tus allegados lo que sientes por ellos? Si el mañana no está garantizado, ¿por qué no vives así ahora?

Memento mori es una expresión latina que se traduce como «recuerda que morirás». Nadie saldrá vivo de aquí. Por mucho dinero o poder que tengamos, lo cierto es que todos los seres vivos corremos la misma suerte. Los estoicos creen que somos un préstamo de la naturaleza y que cuando morimos volvemos a ella. Si tenemos presente el hecho innegable de que un día moriremos y de que hoy puede ser nuestro último día, evocaremos nuestro mejor yo, amoroso y valiente; apreciaremos más el presente y todo lo que conlleva.

Si la idea de la muerte te provoca miedo o tristeza, recuerda que no es más que un sentimiento, un juicio de valor que has hecho sobre la idea de la muerte, y que puedes cambiarlo. Epicteto dijo: «No son las cosas las que atormentan a los hombres, sino los principios y las opiniones que los hombres se forman acerca de ellos. La muerte, por ejemplo, no es terrible… Lo que hace horrible a la muerte es el terror que sentimos por la opinión que de ella nos hemos formado» (*Enquiridión* 5). Por tanto, si dejamos de ver la muerte como esa lúgubre guadaña que se abate sobre nosotros, y la aceptamos como nuestro destino inevitable, le estaremos quitando poder. La temporalidad nos une porque la inevitable muerte es algo que todo el mundo tiene en común.

Memento mori también nos ayuda a prepararnos para la pérdida de nuestros seres queridos. Por eso es bueno apreciar la vida reflexionando no solo sobre la propia mortalidad, sino también sobre la de quienes amamos. Imaginar la muerte de alguien querido puede parecer morboso, pero en realidad al hacerlo también estamos quitando «gravedad» al final de la vida. Hay otras escuelas filosóficas y religiosas, como el budismo, que adoptan la práctica de esta reflexión. Maranasati, por ejemplo, es una serie de meditaciones budistas sobre la muerte que sirven para cultivar la gratitud y perder el miedo al fin de la existencia. Marco Aurelio también reflexionaba sobre la mortalidad de su familia, a partir de las enseñanzas de Epicteto, cuando escribió: «Quien le hace cariños a su hijito debe decirse por dentro, como afirmaba Epicteto: "Mañana quizás habrás muerto". Eso se puede considerar un mal presagio, pero "ninguna palabra es un mal presagio —dijo Epicteto— cuando transmite algo natural. Porque, si eso fuera cierto, también sería de mal agüero cosechar espigas de cereal"». (*Meditaciones* 11.34.1).

Lo que Epicteto propone no parece, así a primera vista, un consejo ideal para padres; sin embargo, lo que está recomendando es que admitamos que no sabemos lo que nos depara el futuro; que debemos amar a nuestros hijos cada día como si fuera el último. Estos son los términos en los que vivimos, pues la muerte no es más que una consecuencia de la vida.

A veces, reconocer que la muerte le llegará a todo el mundo da lugar a una urgencia por llenar la vida de viajes y actividades, pero el valor estoico de la templanza nos recuerda que los placeres sencillos son tan fundamentales como los elementos de la «lista de cosas que hacer antes de morir». Se trata de estar presente tanto en el plano mental como en el emocional de la vida, y de vivirla con propósito y virtud. De esta manera no tendrás nada de lo que arrepentirte. La muerte es un acontecimiento natural que no podemos controlar. Si te resulta difícil entenderlo, haz caso a las palabras de la guadaña en la película *Las alucinantes aventuras de Bill y Ted*: «Tarde o temprano acabarás bailando con la muerte, seas un rey o un barrendero». Nadie sale con vida de este viaje.

Ejercicio del desapego

Los estoicos y muchos otros docentes filósofos y espirituales abogan por el desapego o «dejar ir» lo que no podemos controlar o no nos salvará de la muerte. Esto nos ayuda a centrarnos en aquello que tenemos bajo control, y a encontrar la paz y la aceptación al pensar en la muerte. En los grupos de rehabilitación de 12 pasos, el consejo que se suele dar es «suelta las riendas y pon tu vida en manos de Dios». El proverbio zen dice que hay que «dejarse llevar o te arrastrarán». Hay mucha sabiduría en reconocer que, ya sean los dioses, la naturaleza, el universo o las leyes de la física, hay muchas fuerzas que no podemos controlar, y que intentarlo es el mejor camino hacia el sufrimiento. En cambio, si soltamos las riendas y dejamos que los procesos naturales sigan su curso, alcanzaremos la serenidad en nuestra vida. Es curioso, pero las cosas que más tenemos que dejar ir son precisamente las más difíciles. Nos suele molestar más lo que no podemos controlar, pero que nos afecta de forma directa. Por eso desapegarse es una competencia activa que mucha gente tiene aún pendiente practicar *una y otra vez*, porque es inevitable que la mente quiera volver a intentar resolver (y sufrir por ello) problemas irresolubles, cuando tendría que dirigirse hacia aquello sobre lo que *sí* tiene el control.

Esta estrategia de dejar ir se puede aplicar al principio del *memento mori* que acabamos de explicar. Para hacer este ejercicio, empieza pensando en un ser querido; luego recuérdate que tanto tú como esa persona vais a morir algún día, que es un hecho que no puedes controlar, y que intentar hacerlo solo te provocaría sufrimiento. Céntrate, pues, en lo que puedes controlar. Si practicas dejar ir a la gente y aceptas que todo el mundo está aquí por tiempo limitado, serás capaz de centrarte en hallar la paz y apreciar el momento presente. Es natural que te entristezcas cuando esa persona muera, pero haber practicado el desapego te ayudará a sentir más gratitud que tristeza cuando te aflijas. Este ejercicio, a la larga, te ayudará a recordar la atemporalidad de todas las cosas y a dejar ir las que te causan aflicción. A la monja budista Pema Chödrön se le atribuye la frase: «Tú eres el cielo. Todo lo demás es solo el clima», que transmite de un modo elegante el concepto del desapego de los aspectos incontrolables de la vida que nos afligen.

Conclusiones del capítulo 6

- «La visión desde arriba» es una técnica estoica para insertar espacio mental entre tú y tus circunstancias, con la finalidad de obtener una perspectiva más útil desde la que abordar tus problemas.
- Ser intolerante al sufrimiento causa más sufrimiento.
- Puedes empeorar una situación angustiándote por tu propia angustia. Por ejemplo, puedes deprimirte por haberte deprimido. Es algo así como echar gasolina a una fogata. La solución a este problema consiste en incrementar la tolerancia al sufrimiento.
- Aunque parezca contradictorio, la resiliencia y la sabiduría se suelen adquirir acercándose a las cosas que se desea evitar.
- *Premeditatio malorum* es una práctica estoica para hacer frente a una situación inminente, y consiste en ensayarla mentalmente e imaginar el peor de los resultados. No se trata de una preocupación improductiva, centrada en el abordaje ineficaz, sino que se basa en imaginar respuestas más eficaces.
- Todos los seres somos finitos. Una vez que antepongas esta afirmación a todo lo demás, gozarás de mayor claridad sobre lo que de verdad importa y sobre cómo vivir el momento presente.

CAPÍTULO 7

De la crítica a la compasión: no juzgar

Antes de emitir un juicio sobre otra persona, pregúntate: ¿cuál de mis imperfecciones se asemeja a la que estoy a punto de criticar?

Marco Aurelio, *Meditaciones* 10.30

Crisipo, la tercera «cabeza» de la escuela de filosofía estoica, subraya en su libro *Sobre las pasiones* (también traducido como *Sobre las emociones* o *Sobre el afecto*) que nuestros juicios dictan nuestras reacciones emocionales. Así, los juicios erróneos pueden provocar reacciones emocionales desmesuradas. Por tanto, una de sus estrategias consistía en enfrentarse por anticipado a estas emociones mediante la razón.

Vale la pena conocer la opinión que tenían los estoicos sobre las emociones. Ellos decían que por un lado está la emoción que sientes (felicidad, tristeza, enojo) y por otro el cómo te sientes acerca de algo («Siento que no puedo hacer nada bien» o «Siento que nada de lo que haga será lo bastante bueno»). Cuando los antiguos filósofos estoicos decían que puedes controlar cómo te sientes se referían a lo segundo, es decir, a la interpretación que haces de la situación. Por lo tanto, juzgar menos es un camino hacia la serenidad.

Cuando Epicteto decía: «Lo que atormenta a los hombres no son los acontecimientos, sino la opinión que se forman acerca de ellos», se refería a que nuestras opiniones son fuente de sufrimiento innecesario. Y esto aplica tanto a las relaciones con otras personas como a la que cada cual tiene consigo mismo. Pese a que el propio Epicteto sentía una firme devoción por el estoicismo, esto no quiere decir que el suyo fuera un estoicismo severo. De hecho, reconocía la sabiduría que reside en la compasión, y así lo ilustra con su «propuesta de las dos asas» (*Enquiridión* 34):

> Cada cosa tiene dos asas: una por la que es llevadera, la otra por la que no lo es. Si tu hermano te agravia, no lo tomes por el lado del agravio que él te hace, pues es el asa por donde la cosa no es llevadera; pero si lo tomas por el otro lado, por el de que él es tu hermano, con quien compartes un vínculo, entonces lo tomarás por el buen lado, el que te lo tornará soportable.

Este capítulo trata de que dejes de usar el asa de la crítica, que no te servirá para levantar nada, y aprendas a actuar con mayor compasión para ser más eficaz. Es un planteamiento que se centra en hacer lo que funciona. Los estoicos sabios también saben aplicarse a sí mismos este concepto de las dos asas. La autocrítica y la severidad son casi siempre el asa que no es llevadera; en cambio, la autocompasión es capaz de alzarnos y trasportarnos mientras intentamos cambiar nuestro comportamiento a mejor.

Pero ¿qué dicen los textos de los antiguos estoicos sobre la relación que debe tener cada individuo consigo mismo? Pues que la autoflagelación, igual que el engreimiento y la egolatría, son incompatibles con el estoicismo. Las *Meditaciones* de Marco Aurelio son, en cierto modo, su diario, por lo que podemos conocer mejor la relación que tenía consigo mismo. Es cierto que el libro está lleno de autocríticas, pero todas ellas son constructivas. Aurelio se dice a sí mismo que necesita mejorar, pero lo hace con templanza e indiferencia. No se condena, sino que se anima. Ryan Holiday, en *El ego es el enemigo,* también lo dice: «Mientras tanto, el amor está ahí. Sin ego, abierto, positivo, vulnerable, pacífico y productivo» (2016:207).

Es realista reconocer que la falibilidad forma parte de la condición humana. Así nos lo recuerda Epicteto: «Los humanos no abandonamos nuestros intereses por haber perdido la esperanza de perfeccionarlos y dominarlos» (*Discursos* 1.2.37b). Mientras que los estoicos nos esforzamos por imitar al sabio, seguimos reconociendo que es algo inalcanzable. Marco Aurelio también escribió sobre la intención de mejorar una situación: «Emprende si te es dada esa posibilidad, y no mires en derredor si alguien lo apreciará. No esperes conseguir el estado platónico, confórmate si avanzas lo más mínimo y reflexiona sobre el resultado de eso mismo, qué cosa tan pequeña es» (*Meditaciones* 9.29).

En la psicología del desarrollo se habla de diferentes estilos de educación. Con frecuencia presentamos una falsa dicotomía entre el estilo permisivo (cálido pero laxo) y el autoritario (estricto y severo); no obstante, en realidad hay un tercer estilo, el «autoritativo» (cariñoso pero firme), que tiende a asociarse con los mejores resultados. La sabiduría estoica defiende que en la relación con uno mismo lo que se necesita es este estilo, solidario y disciplinado a la vez.

¿Es justa la compasión?

Hacia el final del siglo XX, el movimiento en pro del fomento de la autoestima estaba muy extendido en los ámbitos del desarrollo infantil y la psicología popular. Una idea central de sus defensores era que es posible superar el complejo de inferioridad prestando atención a las cualidades positivas que cada cual posee, y que el incremento de la autoestima se asocia siempre a una serie de resultados positivos. Sin embargo, con posterioridad se ha criticado mucho la importancia de reforzar la autoestima; entre sus detractores estaba el psicólogo Albert Ellis, que decía: «Si te enalteces o te desacreditas por tus actuaciones, tenderás a centrarte en ti, y no en el problema, y a la larga tu rendimiento acabará empeorando» (2005:53). Ellis, conocido por su estilo directo de expresarse, continúa diciendo: «La autoestima es la peor enfermedad conocida por el hombre o la mujer, porque es condicional». De hecho, las investigaciones científicas no han conseguido revelar muchos de los hipotéticos resultados positivos que se suponía que iban a obtener tras ayudar a las personas a mejorar su autoestima.

Por tanto, la autocompasión ha sustituido a la autoestima como objeto de estudio de muchos profesionales de la psicología, porque produce mejores resultados. Y se pueden ver los rasgos principales de la autocompasión con la óptica del estoicismo. El estoico y terapeuta cognitivo-conductual Donald Robertson (2010) ha explicado que la virtud de la justicia se puede descomponer en dos: la justicia imparcial y la bondad benevolente. Por lo tanto, la autojusticia implica, al mismo tiempo, justicia y amabilidad. Es un mito asociado al estoicismo «en minúscula» creer que las personas estoicas tienen una relación rígida y exigente consigo mismas. Pero una vida estoica no supone actuar de forma cruel o irrespetuosa con uno mismo.

Por otro lado, a algunas personas les preocupa que la autocompasión genere autocomplacencia, con la idea de que tenemos que darnos una patada en el trasero para ponernos en marcha. Si bien es cierto que esta estrategia puede funcionar a corto plazo, a la larga deja de hacerlo y nos convierte en una especie de seres perfeccionistas siempre agobiados. La sabiduría nos llama a hacer lo que mejor funciona a largo plazo, y eso es sentir autocompasión y compasión por los demás; esta contribuye a mejorar el rendimiento, porque nos permite ser humanos. Y toda la energía que invertiríamos en castigarnos a nosotros mismos ahora podemos dedicarla a actividades que de verdad nos importan. En definitiva, la autocompasión nos ayuda a actuar de acuerdo con nuestros valores.

La justicia imparcial, propia y con los demás

Los psicólogos sociales han identificado varias falacias cognitivas que llevan a juicios sesgados, como el error fundamental de atribución o el sesgo actor-observador. En los numerosos experimentos que se han llevado a cabo, la conclusión que se repite es que los seres humanos tendemos a generalizar y etiquetar a otras personas sin tener en cuenta toda la información. Por ejemplo, explicamos los comportamientos de otras personas basándonos más en qué tipo de individuo los ejecuta que en los factores contextuales que lo rodean y le influyen. Esta manera de pensar extrema tiende a generar unas respuestas emocionales también extremas, que a su vez derivan en respuestas conductuales extremas. Por tanto, si queremos tener una vida guiada por la justicia y la templanza, hemos de aprender a adoptar una visión más matizada, tanto propia como sobre los demás.

Para ello nos puede servir lo que en psicología se conoce como *distinción entre estado y rasgo*. Una persona puede tener una actitud depresiva (estado), pero eso no quiere decir que esté siempre deprimida (rasgo). La categorización de la persona es una distorsión cognitiva común que consiste en etiquetar a alguien con una descripción demasiado general de su persona. Hay dos estrategias útiles para evitar este error: la primera, juzgar «el comportamiento de la persona» en vez de a la persona. Cualquiera puede cometer un error, y eso no hace que «sea» un error; alguien puede actuar de una forma desconsiderada, y eso no quiere decir que sea así en general. Juzgar los comportamientos en una interacción nos ayudará a centrarnos en mejorar la situación.

La otra estrategia de la terapia cognitivo-conductual va un paso más allá, y consiste en intentar adoptar la actitud general de no juzgar. Desde esta perspectiva, nos centramos en los hechos, no en los juicios que hacemos sobre la persona en función de nuestra interpretación de esos hechos. Encontrarás una copia descargable del ejercicio en inglés http://www.newharbinger.com/52663.

Replantearse los juicios

¿Qué juicio tengo sobre mí o sobre otra persona?

___

___

___

¿En qué experiencias está basado este juicio?

___

___

___

¿Representan estas experiencias y estos juicios la totalidad de lo que esa persona es en su vida?

___

___

___

¿Qué datos desconozco de esa persona?

___

___

___

¿Son razonables las expectativas que tengo sobre esa persona?

___

___

___

¿Hay elementos de la vida o historia de esa persona que ayuden a explicar por qué es como es?

¿Es posible que esté generalizando en exceso a partir de unos pocos casos para elaborar un relato global sobre esa persona?

¿Cuál es la realidad de la situación?

¿Cómo afectan estos juicios a mi forma de tratar a esta persona?

Según mis valores, ¿cómo querría tratar a esta persona y cómo tendría que verlos para facilitar ese comportamiento?

¿Habría alguna manera más neutral de reformular mi juicio?

Cuestionar los propios juicios y entablar conversaciones «compasivas» nos llevará a una mayor comprensión y armonía, tanto propia como con los demás. Este proceso tiene la capacidad de provocar profundas transformaciones. Por ejemplo, dos colegas mantienen una acalorada discusión en la que ambos se aferran a los mismos prejuicios que les llevaron al desacuerdo, sin que eso les conduzca a ninguna parte. En cambio, si entablan una conversación amable y compasiva, intentando comprender el punto de vista del otro, podrán transformar su desacuerdo en una solución colaborativa que pueda ser útil.

Al cuestionar los juicios autocríticos podemos cultivar la autocompasión y mejorar nuestra autoestima, lo que nos llevará a una relación más positiva y saludable con nosotros mismos, y así procurar un cambio duradero, tanto personal como en la sociedad. En otras palabras, nos motivará el hecho de querer algo mejor para nosotros y para la humanidad. De este modo, levantarse de la cama y afrontar el día deja de ser una tarea temida y se convierte en una aventura esperanzadora y muy esperada.

1. Piensa en una etiqueta que te hayas puesto (por ejemplo, soy una persona inútil, estúpida, incompetente). Puedes elegir más de una, pero, por favor, sigue estos pasos para cada etiqueta por separado.

   ____

2. Ahora anota las razones por las que crees que esta etiqueta es cierta. No te reprimas. Actúa con la mayor exhaustividad posible y si es necesario utiliza más hojas.

   ____

   ____

   ____

   ____

   ____

   ____

3. Lee las razones que has escrito y reflexiona sobre los siguientes puntos:

    - Si has enumerado ejemplos concretos de cuando crees que te has comportado de una manera «inútil», «estúpida», «incompetente», etc. ¿crees que *siempre* te comportas así? Si te has calificado de «estúpido/a», por ejemplo, ¿crees que tu comportamiento es estúpido el cien por cien de las veces?
    - ¿Te comportas de esta manera concreta en todas las facetas de tu vida o solo en algunas?
    - ¿Has considerado factores ajenos a ti que pudieran haber contribuido a las circunstancias que consideras como evidencia de esa etiqueta? Para responder a esta pregunta te puede servir revisar los apartados sobre la dicotomía del control que aparecen en el capítulo 2.
    - ¿Crees que tu opinión sería más precisa si la matizaras con frases como «He hecho algunas cosas mal, pero no todas, ni la mayoría» o «Tengo algunos defectos que preferiría no tener, pero no en todas las facetas de mi vida»?
    - ¿Puede ser que te trates de modo diferente a como tratas a los demás? Por ejemplo, ¿calificas también de «inútil» a otra persona que hace algunas cosas bien y otras no tan bien?
    - ¿Sueles reconocer con relativa facilidad los aspectos y situaciones que sugieren que tu etiqueta es cierta? ¿Te das cuenta de cosas que sugieren que podría no ser cierta con la misma facilidad?

4. Habiendo reflexionado sobre la veracidad de tu etiqueta, ¿qué conclusiones podrías sacar?

___

___

___

___

Distinguir entre opiniones y hechos

Resulta básico distinguir entre percepciones subjetivas y hechos objetivos. Es muy fácil para los seres humanos entender esa diferencia desde el punto de vista intelectual, pero luego confundir ambas cosas en la vida cotidiana. Solemos decir con arrogancia cosas como «esta película es horrible» o «este entrenador es un desastre». En ambos casos puede parecer que estamos diciendo algo objetivo sobre la película o el entrenador; sin embargo, «horrible» y «desastre» no son características reales de la película o el entrenador, sino que representan nuestras preferencias sobre ellos. Esto es más fácil de ver si les aplicamos el test del «grupo»: si un grupo de personas viera la misma película, ¿es seguro que todas estarían de acuerdo en que es horrible? Es posible, por supuesto, que todas tengan la misma opinión sobre la película, pero no es seguro ni lo más probable. En cambio, ¿estaría de acuerdo todo el grupo en que lo que están viendo es una película? En este caso sí habría consenso, porque es un hecho observable.

Aplicando esto a tu caso concreto: ¿te autoevalúas o evalúas a los demás de un modo negativo? Por ejemplo, ¿consideras que eres alguien feo, estúpido, inútil o algo similar? Si es así, ¿se trata de opiniones o de hechos objetivos? Si un grupo de personas te mirara, ¿estarían todas de acuerdo en tu fealdad, estupidez o inutilidad? Puede parecer que esas etiquetas describen tu esencia, pero en realidad son lo más parecido a calificar una película como horrible.

Pondremos otro ejemplo: cuando vas a comprar un coche tienes que elegir muchas cosas, entre ellas la marca y el modelo. Para reducir las opciones, considera algunos aspectos como el consumo de combustible, el espacio disponible y cómo respondería a un accidente. Aunque lo ideal sería que fuera lo mejor posible en todos los aspectos, en general tendrás que hacer ciertas concesiones. Por ejemplo, un coche que consuma poca gasolina puede ser más pequeño y ligero, pero eso lo hace menos seguro en caso de accidente. En cambio, un coche con una carrocería robusta consumirá, en general, más combustible. Y este es un ejemplo en el que hemos considerado solo dos variantes; imagina que hubiera que hacer concesiones en varias características: algunas fantásticas, otras no tan buenas como te gustaría, pero aceptables, y otras horribles. En ese caso, ¿cómo calificarías el coche? ¿Como fantástico, neutro u horrible? En realidad, ninguna de estas etiquetas sería exacta, porque tu evaluación varía en cada una de las dimensiones consideradas. Bien, pues lo mismo ocurre contigo y con los demás. Los seres humanos tenemos puntos fuertes y debilidades, por eso es inexacto aplicar una etiqueta global.

La base de la comprensión compasiva

La biología limita nuestras opciones y conforma nuestras experiencias. Todo el mundo se pone enfermo de vez en cuando, pero la frecuencia dependerá del cuerpo con el que cada cual haya nacido. Por otro lado, el temperamento propio determina el umbral de cada individuo para experimentar recompensas y amenazas; este puede ser muy bajo o muy alto, y tiene un impacto directo en la vida emocional. Pau Gilbert (2009), creador de la terapia centrada en la compasión, habla del mal diseño de nuestros cerebros y el desajuste entre el entorno que los seleccionó y nuestro entorno actual. La evolución ha ido construyendo nuevas estructuras cerebrales sobre las antiguas —un poco como funcionaría el juego de tacos de madera Jenga en su versión «evolutiva»—, creadas en un entorno que contenía abundantes amenazas físicas. Es poco probable que, de habérseles dado la oportunidad, los científicos hubieran diseñado el cerebro humano tal como es. En la vida de hoy en día, por suerte, no existen los mismos peligros que había en el pasado.

Nuestra vida es finita, y la pista es más corta de lo que pensamos. Aunque nadie sabe cuándo va a morir, sí sabemos que la esperanza de vida de un ser humano es, por término medio, de 28.835 días. Si tienes cuarenta años, por ejemplo, ya has pasado 14.610 de esos días, y nadie te garantiza que vayas a llegar a los 28.835. Y es que la vida es un recurso no renovable. Tú no has tenido nada que ver con tu biología ni con tus circunstancias vitales, ni con la duración de tu vida. En definitiva, todos estos factores respaldan la conclusión de muchos filósofos y religiones respecto a que la vida es, en sí, difícil. Así pues, muéstrate y muestra a los demás un poco de compasión por la difícil situación humana.

La autocompasión

Ahora que sabes lo importante que es sentir compasión hacia los demás, intenta extenderla a tu persona con la siguiente visualización. Busca un lugar tranquilo, en el que puedas estar sin distracciones durante quince minutos por lo menos. Adopta una posición cómoda y cierra los ojos.

Piensa en alguna situación difícil que hayas pasado y en la que te hayas juzgado con dureza. Por ejemplo, una ocasión en la que te hayas etiquetado como estúpida/o, inferior, inútil, etc. Intenta recordar la experiencia completa y observa todas las sensaciones físicas que formaban parte de ella. Recuerda las emociones que eso te provocaba e intenta sentirlas en profundidad. Tómate tu tiempo. Luego reconoce los pensamientos que formaron parte de aquella experiencia. Intenta vivir tus sensaciones, emociones y pensamientos como si estuvieras luchando contra ellos ahora mismo, y no solo recordándolos.

En cuanto esta experiencia esté del todo presente para ti, esfuérzate en adoptar una postura autocompasiva y compasiva con tales sensaciones, emociones y pensamientos. Recuérdate con amabilidad que tú no diseñaste el cerebro que está generando estas experiencias, que no orquestaste tus vivencias y que no tienes nada que ver con las circunstancias en las que naciste. Sírvete de este conocimiento para responder de forma calmada y justa a cualquier autocrítica o juicio que aparezca. Observa cómo vienen y van tus juicios y etiquetas conforme te esfuerzas por incrementar tu actitud compasiva frente a ellos.

A continuación, recuerda a una persona por la que sientas compasión. Mírala mentalmente, como si estuviera delante de ti. Y permite que tus pensamientos y emociones compasivas hacia ella fluyan hacia tu conciencia. Déjate «consumir» por la compasión.

Ahora piensa otra vez en aquella situación difícil y experimenta las sensaciones físicas, emociones y pensamientos involucrados. Una vez que esa experiencia esté presente para ti, expande tu conciencia para incluir los sentimientos de compasión que surgieron hace unos momentos. Amplía el alcance de esta compasión hasta que abarque a la persona que tu mente está juzgando y criticando.

Reconocer que nuestros juicios son más evaluaciones subjetivas que hechos objetivos nos ayudará a tratarnos y a tratar a los demás con mayor compasión y empatía. Nuestra capacidad para cultivar y aplicar la autocompasión desvía la energía hacia acciones alineadas con nuestros valores, y esto es un factor fundamental para lograr una vida plena.

Conclusiones del capítulo 7

- La ciencia actual ha dado pruebas de que buscar la autoestima es ineficaz y, en ocasiones, doloroso, mientras que cultivar la autocompasión es una estrategia más eficaz para construir la vida que quieres.
- Etiquetamos a una persona (seamos nosotros mismos o los demás) cuando generalizamos en exceso a partir de pequeñas muestras de comportamiento para caracterizar la esencia de esa persona.
- Los seres humanos mezclamos con mucha facilidad nuestras percepciones subjetivas con los hechos objetivos. Esta tendencia nos lleva a evaluar de forma ineficaz a la gente y nos aleja de dar una respuesta compasiva.
- Esforzarse por escribir los acontecimientos observables de una manera natural es un modo fructífero de desbaratar la tendencia humana a responder a las percepciones como si fueran hechos.
- La condición humana está repleta de desafíos y aboga por una postura autocompasiva y compasiva con los demás.

CAPÍTULO 8

Habilidades interpersonales estoicas

Recuerda siempre que tu misión es ser una persona virtuosa, sintonizada con las expectativas de la naturaleza. Actúa sin demora, expresando con sinceridad la verdad, pero también con amabilidad, humildad y adoptando un compromiso con la autenticidad, desprovisto de toda hipocresía.

Marco Aurelio, *Meditaciones* 8.5

En su libro *Vida de los estoicos*, Ryan Holiday y Stephen Hanselman (2020) hacen una comparación fascinante entre los emperadores Marco Aurelio y Nerón. Ambos fueron instruidos e influidos por sus mentores estoicos y, sin embargo, como líderes fueron muy diferentes. El mentor de Marco Aurelio fue Junio Rústico, que a su vez estaba muy influenciado por las enseñanzas del que fuera su predecesor, Epicteto. Cuando Rústico enseñaba a Marco Aurelio lo hacía en un término medio entre la pasividad y la excesiva asertividad. Y Aurelio pasó a ser conocido como el emperador filósofo que lideró Roma con resiliencia a pesar de sufrir una guerra y una epidemia.

Nerón, por su parte, fue un emperador tiránico y despiadado. Fue asesorado por Séneca el Joven, uno de los filósofos estoicos más notables, autor de las *Epístolas morales a Lucilio*, obra que se compone de 124 cartas. Él escribió: «Sufrimos más a menudo en la imaginación que en la realidad», una idea que resume la esencia de la filosofía estoica. Ahora bien, a diferencia de Rústico, Séneca fue un personaje bastante contradictorio, puesto que defendía la idea de llevar una estoica vida modesta cuando él mismo disfrutaba de una existencia de opulencia y comodidad. También era un consejero de carácter más pasivo, a diferencia de Sócrates, que seguía un enfoque autoritario e implacable. Sin ir más lejos, Sócrates era famoso por abordar a la gente y forzar diálogos, lo que le hizo ganarse el mote de «tábano», ya que parecía estar siempre zumbando en los oídos de los demás. Tanto Sócrates como Séneca el Joven fueron condenados a muerte; Séneca, por orden de su pupilo Nerón.

¿Qué conclusiones podemos sacar de los diferentes enfoques de Rústico, Séneca y Sócrates? Que tenemos que adaptar y aplicar la sabiduría de un modo reflexivo y práctico. Si demasiada pasividad o agresividad no es eficaz, entonces Holiday aconseja un camino intermedio, y explica cómo Rústico halló el equilibrio entre instruir y corregir. No basta con ser sabio, también hay que tener tacto a la hora de impartir esa sabiduría. Conceptos modernos como el de la comunicación asertiva, los límites sanos y la eficacia interpersonal se ajustan a esa idea, y este capítulo se centra en cómo abordar tales tareas desde una perspectiva estoica.

Interconectividad estoica

Existe la idea equivocada de que los estoicos fomentan el individualismo extremo, al considerarse a sí mismos por encima de la sociedad y hacer caso omiso a la posibilidad de actuar en pro del bien común. La cuestión es que esto no es cierto. De hecho, otra idea fundamental del estoicismo es la tendencia natural que tenemos todos los seres vivos, en especial los humanos, de cuidarnos y sentirnos identificados entre nosotros, para luego extender estos dos aspectos a diferentes personas, animales y cualquier otro elemento del mundo natural. Los antiguos estoicos lo denominaban *oikeiôsis*, es decir, «apropiación» o «afinidad». Defendían la idea de que adoptar la *oikeiôsis* nos ayuda a desarrollar de una manera más fácil la empatía y la compasión. Marco Aurelio, en sus *Meditaciones*, hace muchas referencias a la importancia de trabajar en pro del bien común. Su filosofía reconoce la interconectividad humana cuando dice: «Lo que no es útil a la colmena, no lo es tampoco a la abeja» (*Meditaciones* 6.54). Y defiende que el objetivo de la justicia es que las virtudes estoicas trabajen en beneficio de todos: «La vida es breve; su fruto es un carácter virtuoso y unas acciones que beneficien al bien común» (*Meditaciones* 6.30).

La forma de indagación de Sócrates, conocida como «método socrático», parte de la idea de que tenemos que esforzarnos por comprender a nuestros semejantes, puesto que todos formamos parte del colectivo. En una sociedad que tenía como objetivos clave el trabajo duro y la riqueza —que promueven el individualismo extremo—, Sócrates creía que su divina misión era observar a sus semejantes y convencerles de que el mayor bien para una persona es el bienestar de su alma.

Otro filósofo estoico, Hierocles, se servía de una serie de círculos concéntricos para ilustrar la *oikeiôsis* y la interconectividad de la humanidad (Figura 5). El primer círculo sería la mente humana; a continuación, vendría la familia inmediata, seguida por la familia extensa y la comunidad local. Luego vendrían la comunidad de ciudades vecinas, el propio país y, al final, la raza humana. Así es como estamos todos conectados. El modelo de Hierocles defiende que nuestra tarea consiste en reforzar esa interconectividad tratándonos mejor los unos a los otros. En concreto, recomienda que tratemos a la gente «un poco mejor» de lo que se merece.

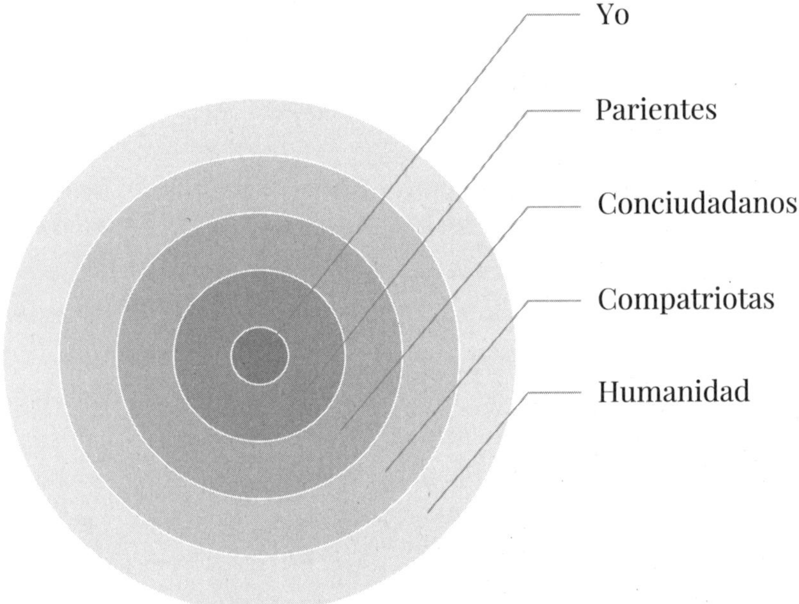

El valor estoico de la justicia sostiene que deberíamos preocuparnos por el bienestar de nuestros semejantes. Esta idea la captan a la perfección las palabras inmortales pronunciadas en el clásico de culto *Las alucinantes aventuras de Bill y Ted*, donde nos aconsejan «ser excelentes los unos con los otros». Lo ideal es tratar a otras personas como te gustaría que te trataran a ti. Vivir una vida estoica implica tratar a los demás de acuerdo con las virtudes de sabiduría, justicia, coraje y templanza.

Las consecuencias de actuar fuera de los círculos de la interconectividad

Sócrates participó en muchos debates filosóficos célebres, entre ellos los que mantuvo con Polus, un joven y ambicioso alumno del sofista Gorgias. Gorgias enseñaba retórica, el arte de hablar con persuasión, y por eso Polus decía que todo el mundo debería aspirar a ser retórico, ya que estos son admirados y poseen mucho poder; este es un objetivo noble en la vida.

En cambio, Sócrates se oponía a tal idea y cuestionaba que eso constituyera algún tipo de «poder». Polus defendía que el poder implica persuadir a las personas para que hagan cosas que no harían de forma natural. Esto genera una brecha entre el retórico y el individuo común, brecha que coloca al retórico en una posición de poder. No obstante, Sócrates creía que el verdadero poder reside en la capacidad de mantener el control y el equilibrio sobre tu yo interior. Esto supone practicar la autodisciplina, llevar una vida virtuosa y alcanzar un estado de satisfacción que no dependa de factores externos. Tal afirmación enojó y frustró a Polus, quien no consiguió convencer a Sócrates para que adoptara su punto de vista.

En la moderna TCC se suele emplear una típica situación para ilustrar la conexión entre cómo percibimos una situación y nuestra reacción a ella. Imagina que vas en tu coche y alguien que conduce de manera incorrecta te corta el paso. ¿Cuál sería tu reacción? Ahora bien, si te imaginas que esta persona está llevando a un familiar al hospital por una urgencia, tu reacción podría ser más compasiva. Recordarte, pues, que no sabes la razón por la que el otro conductor te ha cortado el paso te ayudará a no tomártelo como algo personal y a no enfadarte. Los estoicos dirían que da igual cuál sea la razón del otro conductor, porque está fuera de tu control. Puede haber tenido malas intenciones, pero no quieres permitir que eso dicte tu reacción, de manera que pierdas poder sobre ti. Una pregunta clave que deberíamos hacernos una y otra vez es: «¿Cómo podemos vivir una vida justa en un mundo que a veces es injusto?». Tal como Sócrates le dijo a Polus: «Es mejor sufrir una injusticia que cometerla» (*Gorgias*, de Platón). En este sentido, mantenerte firme en tu verdadero poder cuando te enfrentas a este tipo de situaciones supone permanecer dentro de los círculos de interconexión y empatía, conservando el autodominio, la virtud y la mente sana.

En caso de que alguien no te trate como te gustaría, también debes hacer inventario de lo que puedes controlar o no de la situación. Esfuérzate por rectificar esa situación interactuando con la persona (por ejemplo, manteniendo una conversación con ella sobre cómo te sientes, con la intención de averiguar por qué te ha tratado de esa manera). Si no presta atención a tu preocupación, intenta alejarte de la situación; pero si es un colega de trabajo o un familiar, la mejor opción es que continúes actuando con sabiduría, es decir, tratando a los demás como te gustaría que te trataran a ti. Esto no es dejar que te pisoteen, porque has expresado tu deseo de que te traten con respeto.

Una persona sabia volverá a considerar el origen del maltrato. Porque las personas sabias no juzgan las acciones u opiniones de los imprudentes; aunque sus palabras sean ignorantes, tú puedes decidir cómo las recibes, si las crees o quieres pensar en ellas. Por tanto, tienes la posibilidad de elegir cómo quieres asumir sus palabras y si las quieres asumir, lo que en última instancia influye en si te afectan. Esta posibilidad es la que está en tus manos en esta situación. Marco Aurelio decía lo siguiente sobre las ofensas: «Si decides que un daño potencial no te afecte, no te afectará. Si te niegas a reconocer el daño, es que no te han hecho daño de verdad» (*Meditaciones* 4.7.1).

¿Qué es lo que más me molesta de este intercambio?

¿Qué aspectos de la situación están bajo mi control?

¿Podrán cambiar la situación el contexto y la jerarquía de la relación? ¿Cómo?

¿De qué manera puedo adaptar mis expectativas?

¿Cómo puedo expresar con más claridad lo que quiero y lo que no quiero en esta situación?

____

____

____

____

¿Es salvable la relación? ____________________

¿Cuáles son las ventajas y los inconvenientes de tolerar esta situación?

____

____

____

____

¿Qué opciones tengo?

____

____

____

____

Evaluar la situación desde arriba

Antes hemos hablado de la estrategia estoica de ganar perspectiva mirando desde arriba. Uno de los objetivos de la terapia de pareja es ayudar a los miembros de una pareja a adoptar esta perspectiva juntos, ya que esta capacidad genera una gran intimidad emocional. Por lo tanto, no todas las personas (y no en todas las relaciones) estarán dispuestas a adoptar este punto de vista con nosotros. Con la visión desde arriba, seremos capaces de comprobar que ciertas cosas por las que discutimos no son en realidad tan relevantes.

El concepto de «visión desde arriba», o perspectiva cósmica, es de hecho un tema recurrente en la filosofía estoica que ha sido atribuido a varios de los seguidores de esta corriente. Adoptar una visión desde arriba nos ayuda a ver cuál es el problema real, para poder establecer así un diálogo constructivo. También gracias a ello somos capaces de reconocer nuestras preferencias y aversiones, y recordarnos que podemos tolerar que las cosas no salgan como queremos. A cambio, nos permite centrar nuestros esfuerzos en lo que más nos importa.

¿Te quedas o te vas?

Desde la óptica de la terapia de pareja, cuando se ha llegado a un punto en el que la relación ha dejado de funcionar, hay dos posibles resultados satisfactorios: que mejore la relación hasta el punto en que funcione para ambos miembros, o que decidan cortar por lo sano y poner fin a la relación. El único resultado negativo es dejar que las cosas sigan sin funcionar. Se necesita sabiduría y coraje para *aceptar las cosas que no podemos cambiar*, que en una relación, si estamos actuando de forma auténtica, bien podría ser nuestro nivel de compatibilidad.

Mucha gente se deja llevar por el sentimiento de enamorarse de alguien, creyendo que eso es amor verdadero. Pero cuando esto ocurre —y esperamos una cosa y la otra persona hace algo diferente— tendemos a centrarnos más de lo que deberíamos en el «defecto» percibido, con lo que este se convierte en un problema mayor del que es. Pero no todos los defectos son iguales, y algunos pueden llegar a romper una relación. La gente suele querer contar con una lista de los defectos que le digan cuándo quedarse o irse, para evitar el trabajo emocional que supone tomar esa decisión. Pero lo cierto es que puedes dejar cualquier relación por cualquier motivo, todo depende de ti. Lo que no sería sensato es romper una relación en cuanto aparece una dificultad.

Para sopesar esta decisión, el tópico al que solemos recurrir es que «el mejor pronosticador del comportamiento futuro es el comportamiento pasado». La gente cómoda no suele cambiar. El momento nunca será perfecto. Si eliges no decidir, ya estás tomando una decisión. A veces en la vida no disponemos de una buena opción, por lo que debemos elegir la menos mala o la que será mejor a largo plazo. Muchas personas prolongan una relación que no es buena solo para evitar la incomodidad de dejar a su pareja. También las hay que se comprometen «a medias» con una relación, esperando a ver si mejora por sí sola. Pero el caso es que estamos viviendo de prestado: *memento mori.* Alimenta, pues, las relaciones sanas y olvídate de las que no lo son. Así todos podremos aprovechar al máximo nuestro preciado tiempo.

El planteamiento de las dos asas de Epicteto

El planteamiento de las dos asas que hemos comentado en el capítulo 7 resume el sabio enfoque que los estoicos asumen sobre la eficacia interpersonal, puesto que se centra en hacer aquello que funciona. Decíamos que en cualquier situación existen múltiples maneras de enfocar un problema, algunas más eficaces que otras. Es poco probable, por ejemplo, que una reacción emocional vengativa resulte eficaz. Tenemos que recordar que el valor estoico de la justicia no se refiere al castigo ni a la vigilancia, sino a la justicia imparcial y la bondad benévola. Tenemos, por tanto, que aprender a detenernos y pensar antes de abordar una situación difícil, y preguntarnos qué forma de proceder sería la más sabia. Si somos capaces de encontrar intereses compartidos, entonces existe una oportunidad de colaboración. Encontrarás una copia descargable de este ejercicio en inglés http://www.newharbinger.com/52663.

Poner en práctica el planteamiento de las dos asas

Piensa en una situación interpersonal que sea difícil o te preocupe, y pon en práctica el planteamiento de las dos asas para resolverla.

¿Qué pasa en esta situación?

____

____

____

____

¿Cuál ha sido mi primera reacción emocional?

____

¿Qué se puede hacer para mejorar la situación?

¿Qué podría decir o hacer que fuera justo y amable al mismo tiempo?

¿Qué es lo más sabio que puedo hacer en esta situación?

Cómo pedir perdón

A veces, pedir perdón al cometer un error es la mejor forma de proceder. Se trata de un acto que demuestra templanza y justicia, y requiere coraje. Es evidente que también tendremos que emplear la sabiduría para saber si de verdad hemos cometido un error o estamos cayendo en un patrón de disculparnos en exceso. Un estoico verdaderamente sabio se disculpa cuando debe. Una buena disculpa ha de tener una serie de componentes esenciales. Piensa en una ocasión en la que le debías una disculpa a alguien y sigue estos pasos para pensar en lo que tendrías que haber dicho y hecho.

1. Piensa si la disculpa está justificada.
2. Discúlpate de verdad.
3. Asume tu error y responsabilidad.
4. Reconoce los sentimientos y el sufrimiento de la otra persona.
5. Repara el daño ofreciendo una compensación o restitución si es adecuado.
6. Dile por qué no volverá a ocurrir.

Elaborado por Alexis A. Adams-Clark, Xi Yang, Monika N. Lind, Christina Gamache Martin y Maureen Zalewski. 2022. *DBT Bulletin* 6(1). Universidad de Oregón. Modificado y usado con permiso de los autores.

Establece límites como un emperador romano

A menudo, cuando intentamos poner límites a algo, surge un sentimiento de culpabilidad. Perdemos de vista el motivo por el que queremos marcarlos y dejamos de lado nuestras necesidades emocionales, porque nos preocupa que la otra parte pueda ofenderse. Este sentimiento de culpa se acrecienta cuando la otra persona no acepta los límites establecidos. Sin embargo, es fundamental recordar lo que estás queriendo decir cuando pones unos límites: «Esto es lo que necesito para sentir seguridad, para sentir que me valoras y respetas». Entendida así, tu petición se vuelve aún más racional.

Los antiguos estoicos consideraban que poner límites forma parte del autodominio y es necesario para preservar la paz interior. Te irá bien recordar esta afirmación cuando otras personas se opongan a tus límites. Quienes se benefician de que no marquemos límites intentarán rechazarlos o tal vez no los respetarán, creyendo que nosotros tampoco los vamos a respetar y haciendo que nos sea más difícil atenernos a ellos. Marco Aurelio también sentía esta presión, y por ello se recordaba a sí mismo: «Haz por parecerte a un peñasco batido sin cesar por las olas: él permanece inmóvil y a su alrededor desmaya la efervescencia de las aguas» (*Meditaciones* 4.49).

Los elementos externos que no están bajo nuestro control, como las reacciones o sentimientos de otras personas frente a una petición —nacidos de la autoconservación y el bienestar mental— son las olas que baten sin cesar a nuestro alrededor. Si somos personas psicológicamente flexibles y resilientes, veremos que no lo hacen por maldad, sino porque no lo entienden. Está bien verlo así y concederles el beneficio de la duda, pero aun así no tenemos que sucumbir a que nos arrastren las olas de su incomprensión y, tal vez, su desagradable reacción. El peñasco no evita que las olas lo golpeen, pero no se rompe con ellas. Nunca. Con el tiempo, el oleaje amainará.

La comunicación asertiva

Es bastante habitual que nos cueste encontrar el equilibrio entre demasiada pasividad y demasiada agresividad. La asertividad es el punto medio. Consiste en decir lo que piensas y luchar por lo que quieres, manteniendo al mismo tiempo una actitud respetuosa. Como escribió una vez el psicólogo Aaron Beck: «La persona más fuerte no es la que hace más ruido, sino la que es capaz de dirigir con calma una conversación hacia la definición y resolución del problema» (1989).

Marsha Linehan, ideóloga de la terapia dialéctico-conductual, sentó las bases de la asertividad (Linehan, 2014). Esta cualidad implica describir la situación tal y como la ves, expresando cómo te hace sentir, pidiendo lo que quieres que ocurra y luego haciendo hincapié en por qué esto será un buen resultado para todas las partes. La sabiduría nos ayuda a elegir el enfoque que mejor nos conducirá a obtener lo que queremos, autorrespetándonos al mismo tiempo. Piensa en el ejemplo de Miriam que presentamos a continuación, y luego intenta aplicar esta técnica en el siguiente ejercicio.

> *Miriam no está satisfecha con la rutina en la que han caído ella y su marido. Ella quiere salir más y hacer más cosas juntos. Se da cuenta de que está siempre quejándose por cómo van las cosas, en lugar de luchar por cómo quiere que sean. La cuestión es que han dejado de pasar tiempo juntos como antes, y ella lo echa de menos. Quiere hacer más cosas como pareja porque cree que esto les acercará.*

¿Qué frase crees que es más probable que lleve a Miriam a conseguir lo que quiere?

> «Ya no me sacas nunca. ¿En realidad te importo?».

> «No salimos tanto como antes y echo mucho de menos pasar tiempo contigo. Me gustaría que volviéramos a salir en pareja porque creo que es divertido y bueno para nosotros».

¿Cuál es la situación real?

____

____

¿Cuáles son mis sentimientos acerca de la situación?

____

____

¿Qué quiero que ocurra?

____

____

¿Por qué será un buen resultado para todas las partes?

____

____

Saber decir NO

A veces, la forma más hábil de declinar una petición no deseada es con un simple no. Un fenómeno interpersonal muy habitual es querer decir no, pero, por no ofender o enojar a la otra persona, dar una razón para justificar ese no. Entonces la otra persona intenta rebatir dicha razón y se produce una discusión incómoda y desagradable. Piensa en el caso de un comercial que intenta venderte algo. Si le dices que no puedes pagarlo, lo más probable es que te presente la posibilidad de financiarlo. Si le dices que ya tienes un producto similar, entonces intentará explicarte por qué el suyo es mejor. Pero si le das un «no» firme y contundente, no te rebatirá. Quienes caemos en el patrón de querer complacer a la gente hemos de practicar la técnica de decir «no» de una manera segura y calmada. Cuanto más la practiquemos, mejor nos saldrá.

Resolver problemas interpersonales

La Ficha de Eficacia Situacional que se presenta a continuación puede considerarse la culminación de las habilidades tratadas en este capítulo. La atención se centra en lo que está bajo nuestro control para aumentar la propia capacidad de perseguir los objetivos con asertividad. Estas son algunas preguntas clave que nos podemos hacer al enfrentarnos a una situación en la que queremos ser lo más hábiles posible:

- ¿Cómo afrontar la situación con inteligencia?
- ¿Qué resultado quiero obtener de la situación?
- ¿Qué elementos de la situación están bajo mi control?
- ¿Qué elementos no están bajo mi control?
- ¿Cómo quiero sentirme respecto a mí después de esta interacción?
- ¿Es posible el resultado que quiero de la situación?
- ¿Qué tengo que hacer para obtener lo que quiero, respetándome al mismo tiempo y manteniendo mi integridad?

Encontrarás una copia descargable de este ejercicio en inglés http://www.newharbinger.com/52663

Ficha de Eficacia Situacional

Describe alguna interacción personal reciente que no haya salido como te habría gustado.

¿Qué ocurrió en esa situación?

¿Qué elementos de la situación estaban bajo tu control?

¿Qué resultado querías obtener de la situación?

¿Era realista ese resultado?

Dentro de los límites de lo que estaba bajo tu control, ¿qué tendrías que haber hecho para conseguir lo que querías?

¿Qué has aprendido de esta actividad que puedas aplicar a futuras interacciones?

Veamos el ejemplo de María, que se encuentra inmersa en un conflicto familiar.

> *María es una persona adulta y quiere dedicar parte de sus vacaciones a ella y a sus hijos, y así forjar una especie de tradición familiar. Pero esto ha provocado un conflicto con sus padres, que quieren continuar con las tradiciones familiares que ya tienen. A medida que sus hijos crecen, a María le da pena ver cómo pasa esta etapa tan especial. Siente que en ningún caso puede ganar: tiene que elegir entre darles a sus padres lo que quieren y mantener la paz, o hacer lo que ella prefiere, arriesgando así la relación con sus padres. Como nueva estoica, María considera sus opciones, porque desea afrontar la situación con sabiduría. Y se pregunta:*

- ¿Cómo puedo afrontar la situación con sabiduría?

  Tengo que reflexionar con calma. La ira y la pasión que me provoca la situación hacen que quiera responder de una manera emocional que sería destructiva.

- ¿Qué resultado quiero obtener?

  No deseo perder las relaciones y tradiciones que tengo con mi familia, pero a la vez me gustaría poder dedicar parte del tiempo a hacer algo especial con mis hijos.

- ¿Qué elementos de la situación están bajo mi control?

  Controlo lo que digo y cómo lo digo. Puedo hablar con sabiduría y enfatizando el bien común.

- ¿Qué elementos de la situación no puedo controlar?

  No controlo la reacción de mis padres, ni lo que esperan de mí.

- ¿Cómo quiero sentirme conmigo misma después de esta interacción?

  Quiero ser capaz de sentir que sigo siendo una hija querida y una madre querida.

- ¿Es posible el resultado que quiero?

  No estoy segura. Sé que puedo hablar con mis padres de un modo cariñoso y respetuoso sobre la situación. Pero no sé si seré capaz de controlar su reacción. Estoy segura de que hay margen para el acuerdo. Yo quiero que ellos sean felices y ellos quieren que yo sea feliz.

- ¿Qué tengo que hacer para conseguir el resultado que deseo, manteniendo al mismo tiempo mi integridad y el respeto por mí misma?

  Necesito enfocar el tema de una manera más sutil. No puedo hacerlo desde el antagonismo, donde veo que, o ellos consiguen lo que quieren, o yo consigo lo que quiero. Tengo que hablar con amor y aprecio por la tradición de mi familia. Debo ir haciendo hueco para asumir el rol de futura matriarca de mi propia familia. Tal vez podría preguntarles cómo lo hicieron ellos. Antes, todo lo hacían con los padres de mi madre, y en algún momento esas cosas pasaron a ellos. Si pudiera preguntarles cómo hicieron ese traspaso, tal vez empatizarían más con mi situación y aprendería de sus experiencias de una manera más colaborativa.

Si evaluamos lo que podemos y no podemos controlar de una situación, centraremos nuestros esfuerzos en adquirir más habilidad para sortear los problemas interpersonales, lo que nos ayudará a actuar de una manera sabia y en consonancia con nuestros valores.

Conclusiones del capítulo 8

- El estoicismo es una filosofía que supone preocuparse por los demás y participar en la sociedad.
- Las relaciones son complejas, pero te puedes beneficiar de una serie de habilidades que te ayudarán a gestionarlas con eficacia. Entre estas habilidades está la de saber preguntarte qué quieres de la relación y la de decir «no» cuando sea necesario.
- Las relaciones son otro contexto en el que tener en cuenta el concepto estoico de que la dicotomía del control incrementa tu eficacia.
- Todo el mundo está interconectado. Los estoicos procuran comportarse de la manera que sea mejor para la «colmena».

CAPÍTULO 9

Aprender a pensar más como Sócrates: superar la doble ignorancia

Si bien todavía no eres un Sócrates, debes, sin embargo, vivir como alguien que se ha propuesto ser como él.

Epicteto, *Enquiridión* 51

El método de enseñanza de Sócrates, consistente en hacer preguntas, supuso un cambio de paradigma que ha resistido el paso del tiempo. Su viaje, que le llevaría a convertirse en uno de los filósofos más renombrados de todos los tiempos, comenzó cuando Querefonte (también filósofo y amigo leal) preguntó al omnisciente oráculo de Delfos quién era el hombre más sabio. El oráculo le respondió: «No hay hombre más sabio que Sócrates». Reconociendo su propia ignorancia, Sócrates no se lo creyó y se propuso demostrar que el oráculo estaba equivocado encontrando a alguien que fuera más sabio que él, pero en cambio descubrió que las personas que decían saber cosas eran, en realidad, ignorantes. Y, peor aún, no eran conscientes de su propia ignorancia. Dijo entonces: «Solo existe una virtud, la sabiduría, y un defecto, la ignorancia» (Diógenes Laercio, *Vidas de los filósofos más ilustres*).

Sócrates no dejó trabajos escritos, si bien su legado está plasmado en los textos de pupilos suyos como Platón y Jenofonte. Platón, por ejemplo, elaboraría el relato de la defensa legal más famosa de la historia: *La apología de Sócrates*. Estoicos como Epicteto y Marco Aurelio también escribieron sobre él. Aunque Sócrates es anterior a los estoicos, se le considera el «abuelo» del estoicismo, y su compromiso con una vida de virtud hace que sus enseñanzas sean muy compatibles con esta corriente. A fin de cuentas, la esencia de las virtudes estoicas es la sabiduría, y la sabiduría en acción.

Este capítulo se centra en las enseñanzas de Sócrates, a saber: buscar la sabiduría y esforzarse por superar la propia ignorancia. La frase «cuanto más aprendo, más cuenta me doy de lo poco que sé» se suele atribuir a la gran mente de Albert Einstein. También podríamos decir que «la gente no sabe lo que no sabe». Sócrates llamaría *doble ignorancia* a este «no saber lo que no se sabe», y dedicaría gran parte de su obra a superar su propia ignorancia y la de los que le rodeaban.

Hay historias que por costumbre nos contamos y que no siempre reflejan la realidad. Aprender a pensar como Sócrates implica dar un paso atrás mentalmente y analizar con detalle nuestros procesos de pensamiento, creencias y patrones de comportamiento.

¿Qué son las suposiciones ocultas?

Un concepto básico de la filosofía y la psicología es que, si bien la realidad objetiva existe, tendemos a interpretarla basándonos en la propia historia, en nuestras suposiciones, nuestro estado de ánimo, cultura y toda una variedad de factores. La psicología social nos enseña que las personas tendemos a ver lo que esperamos ver, y a interpretar nuestras percepciones de una manera acorde también a las expectativas que nos hemos formado. Además, el que la memoria depende del estado de ánimo es real, lo que hace que nos cueste recordar la historia completa. Por eso, nuestros relatos sesgados pueden ser autosuficientes si se los deja a su libre albedrío.

Sócrates atribuía su sabiduría a reconocer su propia ignorancia. Incluso al final de su vida seguía intentando superar su ignorancia. También en nuestro caso deberíamos estar siempre tratando de reconocer y salvar esos «puntos ciegos» que tenemos. Para seguir los pasos de Sócrates, es imprescindible observar y analizar la propia mente. Existe consenso en que algunos procesos de pensamiento ocurren dentro de la conciencia y otros fuera de ella, pero son accesibles. Un primer paso clave de la terapia cognitivo-conductual es aprender a desacelerar la mente e identificar los conocimientos que ocurren fuera de la conciencia e influyen en nuestra manera de sentir y actuar.

Te presentamos ahora un experimento mental. Para este ejercicio, abstente de mirar la respuesta en internet; aprovecha la oportunidad de aprender a identificar las creencias ocultas. Imagínate a un niño preguntándole a su padre: «¿Un zorro es un gato o un perro?». Para responder a esta pregunta el padre puede considerar diferentes cuestiones, como las siguientes:

- ¿Cuáles son las diferencias entre los perros y los gatos?
- ¿Un zorro es tan grande como un perro o tan pequeño como un gato doméstico?
- ¿Pueden ser perros los zorros y los lobos?
- Si un puma es un gato y un lobo es un perro, ¿a qué se parece más un zorro?
- Si los gatos maúllan y los perros ladran, ¿qué sonido hace un zorro macho?
- ¿Por qué un zorro tiene ojos de gato y colmillos de perro?
- ¿Por qué algunos zorros pueden trepar a los árboles?

Cuando nos enfrentamos a una pregunta de la que no sabemos la respuesta, prestar atención a nuestros patrones de razonamiento y a cómo intentamos resolver el problema nos ayudará a conocer nuestras creencias ocultas. Ahora bien, si te dedicas a la biología o la zoología lo más probable es que sepas que los zorros forman parte de la familia de los *canidaes*, lo que los convierte en caninos (es decir, de la familia de los perros).

El tema es que todo el mundo tiene unas suposiciones o creencias ocultas que ha de aprender a identificar en la práctica. Comencemos con un ejemplo que no sea demasiado emocional. Existe una pequeña controversia en el mundo de la gastronomía sobre si la pizza debe o no llevar piña. A lo mejor no tienes una opinión clara sobre el tema, pero para este ejercicio elige entre «sí» o «no».

1. ¿Debe llevar piña la pizza? (sí/no)

2. Da un paso más y explora las razones de tu opinión.

3. ¿Cuáles son las razones de que la pizza deba o no llevar piña?

Si le formuláramos esta pregunta a Sócrates, su primera respuesta podría ser preguntar qué es la pizza, aunque tal vez no le resultara tan extraña: se dice que los antiguos griegos hacían un pan plano llamado *plakous* que condimentaban con hierbas, cebolla, queso y ajo. Sin embargo, la pregunta del filósofo también demuestra su sabiduría. La respuesta a la pregunta «¿debe llevar piña la pizza?» pasa por explorar primero cómo definimos el concepto de pizza.

Se podrían entablar diálogos similares para preguntas como estas: ¿debería la música country aceptar la intervención de una guitarra eléctrica? o ¿es un perrito caliente un bocadillo? Un ejemplo interesante de esto es lo que pasó cuando el gigante americano de comida rápida Taco Bell intentó abrir sus restaurantes en México y lo recibieron con cierta confusión, porque el menú era muy diferente al de las auténticas taquerías locales. En línea con el método socrático, Sócrates habría preguntado: «¿Qué significa ser un taco?»; o, mejor aún: «¿Qué significa ser una *Crunchwrap Supreme*?».

Enfoque socrático para las discusiones grupales

Otro lugar en el que practicar tus habilidades socráticas son los grupos. Si eres docente o lideras un grupo de cualquier tipo, aprovéchalo para explorar en lugar de aleccionar. Puedes imaginar un diálogo grupal sobre las ventajas de que la pizza lleve piña empleando el formato que se muestra a continuación. El uso de las estrategias socráticas puede ser diferente en entornos grupales, pero el objetivo de buscar la sabiduría y superar la ignorancia sigue siendo el mismo, al tiempo que se intenta fomentar la curiosidad y la colaboración del grupo. Encontrarás una copia descargable de la siguiente guía en inglés http://www.newharbinger.com/52663

Guía rápida: cuestionamiento socrático para las discusiones en grupo

El método socrático es un proceso que consiste en descomponer las cosas y recomponerlas de una manera diferente. Se trata de pensar *con* la gente en vez de pensar *para* la gente. En un formato de grupo esto significa: 1) descomponer el tema (comentar lo que dice la información), 2) evaluar lo que se está diciendo, 3) ampliarlo con otros puntos de vista, 4) recomponerlo para tener una perspectiva más sólida, y 5) diseñar unas estrategias aplicables a la realidad.

1. Descomponer el tema:

«¿Qué pensamos que se está diciendo aquí?»

«¿Cuál es el punto central de lo que se dice?»

«¿Hay algún ejemplo de la vida real sobre lo que se está diciendo?»

2. Evaluar lo que se está diciendo:

«¿Por qué es esto importante?»

«¿Qué aspecto tiene en la vida real?»

«En tu experiencia, ¿es cierto lo que se está diciendo?»

«¿Cómo puede contribuir esto al cumplimiento de nuestros objetivos?»

3. Ampliarlo con otros puntos de vista:

«¿Hay algo que no se haya dicho?»

«¿Se podría enfocar de otra manera?»

«¿Existen otras perspectivas culturales que podríamos añadir a la conversación?»

«¿Sería posible agregar más matices para que fuera más preciso?»

4. Recomponerlo todo:

«¿Cómo podemos reformular la idea de una forma que englobe todo lo que hemos comentado?»

5. Diseñar unas estrategias aplicables a la realidad:

«¿Cómo podemos ponerlo en práctica esta semana?»

Sócrates y seudo-Sócrates

Hay algunas figuras que podrían identificarse con Sócrates, aunque es probable que él no se identificara con ellas. En su tiempo existían los sofistas, que daban conferencias o clases por dinero; enseñaban a sus alumnos a usar la lógica o la razón para ganar las discusiones, por injustas que estas fueran. Sócrates los criticaba por estar más interesados en el dinero que en la virtud, y porque tendían a hacer uso de la razón para decirle a la gente lo que quería oír en lugar de la verdad. Es lo que vemos constantemente en las leyes y en los políticos actuales, que emplean la razón para justificar sus declaraciones en vez de para cuestionar sus creencias y llegar a un mejor conocimiento de la verdad. En este sentido, la razón se emplea para fortalecer la ignorancia.

En *Gorgias*, de Platón, hay un diálogo entre Sócrates y Polus en el que discuten sobre el valor de la retórica (persuasión). Sócrates da a conocer con claridad su opinión diciendo que esta manera de utilizar la razón como medio de persuasión no son más que «conjeturas sobre lo que es placentero, sin tener en cuenta lo que es mejor». En otras palabras, el hecho de que un argumento suene convincente no quiere decir que sea verdadero o justo. De modo que aprender a pensar como Sócrates no sirve tanto para ganar discusiones como para superar la ignorancia y buscar la sabiduría.

El método socrático

El método *elenchos* (o *elenchus*) es una técnica socrática de diálogo que consiste en formular una serie de preguntas y respuestas entre interlocutores para descubrir sus conocimientos ocultos. Si nos fijamos en los diálogos originales de Sócrates enseguida reconoceremos un patrón, y es que siempre pedía a la otra parte que definiera el tema de la discusión. Es decir, él mismo reconocía su ignorancia sobre el tema y formulaba preguntas para comprobar primero los límites de esa definición. Una vez explorado el concepto, pasaba a comprobar la coherencia del debate respecto al concepto que habían definido. Los diálogos solían acabar con una fase denominada *aporía* («perplejidad» o «inseguridad») en la que el interlocutor llegaba a reconocer su ignorancia o presunción de conocimiento sobre el tema de discusión. Hoy en día, los terapeutas llevan este proceso unos pasos más allá. En el siguiente capítulo presentaremos un método que integra la antigua sabiduría estoica y la práctica cognitivo-conductual de hoy en día. Pero por ahora centrémonos en conocer los fundamentos de la metodología socrática.

Podemos encontrar un ejemplo gracioso del método socrático en el *Symposium* de Jenofonte, donde Sócrates está debatiendo sobre el tema de la belleza con Critóbulo. Sócrates no era precisamente el prototipo de hombre guapo de la Grecia antigua: era calvo, con ojos saltones y nariz respingona. Bien, pues él empezaba el debate pidiendo a su interlocutor que definiera el concepto de «belleza». A continuación, ampliaba la definición haciéndole preguntas como si solo los humanos pueden ser bellos. La respuesta fue que los animales, e incluso los objetos, como una lanza o un escudo, también pueden ser bellos. Cuando Sócrates profundizó en esta respuesta, llegaron a la conclusión de que si algo está bien hecho para su función también puede ser bello. Sócrates aprovechó esta afirmación para preguntar sobre el propósito de los ojos, y la respuesta fue «ver»; entonces dijo que sus ojos saltones veían mejor que los de su interlocutor. También apuntó que su nariz respingona no obstruía su visión, y que sus abiertas fosas nasales captaban con facilidad los olores, y que todo esto debía de ser, por tanto, un signo de belleza.

Pese a que este diálogo tiene pinta de ser el de dos tipos bromeando por puro aburrimiento, ilustra el método socrático de una manera muy práctica. Para responder a una pregunta, primero tenemos que saber qué es exactamente lo que nos están preguntando. En nuestro manual para terapeutas *Socratic Questioning for Therapists and Counselors*, afirmamos que los pensamientos distorsionados suelen estar basados en definiciones distorsionadas. Sócrates siempre decía que hay que deconstruir la definición y profundizar en ella antes de intentar responder a una pregunta. Nunca redactó un manual sobre su método, así que tuvimos que recrearlo analizando sus diálogos recopilados por otros autores. Este sería el esquema de su planteamiento típico:

1. *Identificar la proposición*: ¿qué es lo que se está preguntando?

2. *Identificar el concepto clave*: ¿cuál es el elemento principal de la pregunta?

3. *Definir el concepto*: ¿qué aplicación se le puede dar?

4. *Comprobar el concepto*: ¿cuáles son los límites de esta definición?

5. *Comprobar la coherencia*: ¿cómo se compara la definición refinada con la proposición inicial?

En el caso de la belleza que hemos comentado, el esquema quedaría así:

1. Identificar la proposición: ¿qué es lo que se está preguntando?

   ¿Quién es más guapo, Sócrates o Critóbulo?

2. Identificar el concepto clave: ¿cuál es el elemento principal de la pregunta?

   La belleza.

3. Definir el concepto: ¿qué aplicación se le puede dar?

   La definición inicial habla de ser agradable desde el punto de vista estético.

4. Comprobar el concepto: ¿cuáles son los límites de esta definición?

   La belleza se puede observar en animales e incluso en objetos hechos por el hombre. También puede querer decir que el objeto cumple con su función.

5. Comprobar la coherencia: ¿cómo se compara la definición refinada con la proposición inicial?

   La belleza no es algo tan limitado como se había definido al principio, sino que la funcionalidad es tan relevante como la estética.

Hay que reconocer que el debate sobre la belleza es un ejemplo un poco tonto. ¿Cómo podría, pues, aplicarse el método socrático a asuntos más importantes? Veamos los siguientes ejemplos:

Ejemplo A

1. Identificar la proposición: ¿qué es lo que se está preguntando?

   Mi idea de negocio ha fracasado. ¿Soy una persona fracasada?

2. Identificar el concepto clave: ¿cuál es el elemento principal de la pregunta?

   Qué significa ser una persona fracasada.

3. Definir el concepto: ¿qué aplicación se le puede dar?

   El foco inicial podría situarse en el hecho de que se ha generalizado un solo fracaso, lo que lleva a la falsa impresión de que el fracaso constituye la totalidad de lo que la persona es.

4. Comprobar el concepto: ¿cuáles son los límites de esta definición?

   ¿El hecho de haber fracasado una vez hace que la persona vaya a fracasar siempre? Para alguien de éxito, ¿se puede decir que siempre lo ha sido y nunca ha experimentado el fracaso? Si alguien fracasa una vez y luego triunfa, ¿es una persona fracasada o exitosa?

5. Comprobar la coherencia: ¿cómo se compara la definición refinada con la proposición inicial?

   El fracaso es una experiencia, no una identidad. Podemos tanto fracasar como triunfar. Nuestros fracasos no tienen por qué definirnos.

Ejemplo B

1. Identificar la proposición: ¿qué es lo que se está preguntando?

   ¿Por qué a pesar de lo que consigo nunca siento que alcanzaré la excelencia?

2. Identificar el concepto clave: ¿cuál es el elemento principal de la pregunta?

   La excelencia.

3. Definir el concepto: ¿qué aplicación se le puede dar?

   La excelencia es, en realidad, un 'objetivo cambiante': no sé a ciencia cierta qué significa o cómo es, pero supongo que supone sentir satisfacción y orgullo con lo que hago.

4. Comprobar el concepto: ¿cuáles son los límites de esta definición?

   ¿Hay en mi mente algún logro que me haga sentir que he alcanzado la excelencia? ¿He pensado alguna vez en mis logros previos? Si tales logros no me han satisfecho, ¿por qué creo que superar este obstáculo llenará ese vacío? ¿Podría sentir la suficiente satisfacción si nunca alcanzara la perfección? ¿Es posible que intente la autoaceptación a través de mis logros? ¿Alcanzar la excelencia es algo que ha de ganarse? Si fuera a una maternidad y viera a todos los bebés que hay allí, ¿podría decirles que no han alcanzado la excelencia porque aún no han conseguido nada en su vida?

5. Comprobar la coherencia: ¿cómo se compara la definición refinada con la proposición inicial?

   Tal vez la excelencia no sea algo que deba esperar alcanzar. Puede que haciendo lo que hago de la mejor manera posible vaya mejorando poco a poco, y que eso baste.

Prueba el método socrático

El siguiente paso para aprender a pensar como Sócrates es practicar su método mediante el siguiente ejercicio. Es mejor empezar con cosas sobre las que no tengas una opinión sólida; por ejemplo, probar con temas menos emocionales antes de pasar a tus creencias centrales. Otro aprendizaje que podemos adquirir de la vida de Sócrates es que, por lo general, a la gente no le gusta que la abordes con estas preguntas; así que céntrate en aplicártelas a ti y en practicar las técnicas. Encontrarás una copia descargable de este ejercicio en inglés http://www.newharbinger.com/52663

Aprender el método socrático

1. Identificar la proposición: ¿qué es lo que se está preguntando?

   ____

   ____

2. Identificar el concepto clave: ¿cuál es el elemento principal de la pregunta?

   ____

   ____

3. Definir el concepto: ¿qué aplicación se le puede dar?

   ____

   ____

4. Comprobar el concepto: ¿cuáles son los límites de esta definición?

____

____

____

____

5. Comprobar la coherencia: ¿cómo se compara la definición refinada con la proposición inicial?

____

____

____

____

El próximo capítulo se centra en el modo de construir estas habilidades centrales para aplicar el método socrático a tus creencias autolimitantes. Practica las habilidades de este capítulo hasta que veas que tienes cierta confianza en tu capacidad para identificar pensamientos y cuestionarte las suposiciones que los sustentan. Si estás yendo a la consulta de un coach o terapeuta, podrías dedicar algunas semanas a trabajar las habilidades de este capítulo.

Conclusiones del capítulo 9

- Ser ignorante de tu propia ignorancia es el primer obstáculo a superar.
- Al superar tu propia ignorancia, aprendes a identificar y poner en duda tus suposiciones.
- La antigua sabiduría socrática es compatible con la actual terapia cognitivo-conductual.
- No es solo lo que ocurre, sino también tu interpretación de lo que ocurre lo que guía tus sentimientos y acciones.
- Puedes aprender a examinar tus propios pensamientos y percepciones mediante el método socrático.
- Es aconsejable aplicar esta práctica primero a cosas que no te preocupen demasiado, antes de pasar a tus creencias centrales.

CAPÍTULO 10

Un método socrático propio: poner en práctica el pensamiento socrático para salir del atolladero

La indagación es el sentimiento del filósofo, y el viaje de un filósofo comienza con la indagación.

Sócrates, *Teeteto de Platón.*

La sabiduría nace de admitir que hay cosas que no sabemos, de reconocer nuestra propia inexperiencia y nuestras lagunas de conocimiento. En el capítulo anterior hemos tratado las habilidades metacognitivas aplicadas a pensamientos y creencias sin carga emocional. En general, las creencias dolorosas que nos limitan son más difíciles de cambiar y, por eso, se recomienda tener un buen dominio de las habilidades básicas. La gente suele necesitar practicar las habilidades del capítulo anterior durante un tiempo antes de pasar a este último.

Un abogado se centrará en el método socrático para evaluar la consistencia de un argumento o testimonio. Lo típico es que haya un proceso de preguntas abiertas y cerradas para determinar lo que se está evaluando, y después otro para evaluar la consistencia del argumento o los puntos de vista. Esta técnica del método socrático es lo que se conoce como *elenchos* (o *elenchus*). Como alternativa, un terapeuta puede emplear un tipo diferente de cuestionamiento socrático para evaluar la narrativa personal y descubrir las verdades ocultas o desconocidas. La madre de Sócrates se llamaba Fenáreta y era comadrona, y por eso Sócrates consideraba su trabajo y sus métodos como si fueran las «comadronas del pensamiento». A este método filosófico de partera que ayuda a las personas a «dar a luz» nuevos conocimientos (lo contrario a decirles qué deben pensar) se lo denomina *mayéutica*. En este capítulo trataremos las estrategias de ambos métodos.

Desde el punto de vista psicoterapéutico, la finalidad del método de cuestionamiento socrático es pensar *con* el cliente y no *por* él. Este proceso empieza con la desaceleración del pensamiento, la relajación y procurar mantenerse en el momento presente. A continuación, daremos un paso atrás respecto a los pensamientos actuales. Una vez hayamos tomado distancia de dichos pensamientos, podremos ver la realidad tal como es y ampliar nuestro conocimiento con la curiosidad. Luego empezaremos a sintetizar la información desde una perspectiva más equitativa. Estos son también los pasos que cualquiera debe seguir si quiere aplicar un *método autosocrático* de cuestionamiento para «salir del atolladero». La *conciencia observadora* o el *yo observador* es esa parte de ti capaz de separarse de tus pensamientos y luego ir más allá de estos procesos para simplemente observar que los estás sintiendo.

Este yo observador puede ser un colaborador clave en la aplicación del cuestionamiento socrático a tus procesos mentales y estructuras de creencias, de modo que seas tu propia «comadrona filosófica» a la hora de evaluar tus creencias. En caso de que te resulte difícil salir del atolladero por tu cuenta, puedes pedir ayuda a un profesional. Encontrarás una copia descargable del resumen del método autosocrático, que trataremos a continuación, en inglés http://www.newharbinger.com/52663

El método autosocrático

Este método se compone de los siguientes pasos:

1. **Centrarse**: primero has de identificar en qué te vas a centrar. ¿Qué miedos te impiden avanzar? ¿Qué creencias y suposiciones te limitan?

2. **Conocer el contexto**: en segundo lugar, tendrás que explorar el contexto y el origen de esas creencias y suposiciones. ¿De dónde surgen estas creencias? ¿En qué contexto se desarrollaron? ¿Qué patrones de comportamiento las acompañan? ¿Existe algún círculo vicioso?

3. **Desarrollar la curiosidad**: expande tus conocimientos mediante la curiosidad y la exploración. Da un paso atrás con la mente y plantéate: ¿qué puntos de vista no has considerado? ¿Qué contexto te falta? ¿Qué lagunas de conocimiento tienes? ¿Hay cosas que sabes, pero que estás olvidando? ¿Hay

experiencias cruciales que aún no has vivido debido a tus estrategias de control o evitación?

4. **Resumen y síntesis**: por último, sintetiza tu análisis para desarrollar una nueva perspectiva. ¿Cómo podrías resumirlo todo para dar lugar a un punto de vista equilibrado? ¿Cómo poner en práctica tu nueva perspectiva? ¿Qué te falta aprender o probar?

Primer paso: centrarse

El primer paso de este proceso es elegir lo que quieres evaluar. Un diálogo socrático eficaz es el que se centra en evaluar las premisas de una en una. Cuando la gente piensa en sus problemas y en sus historias personales, lo suele hacer de una forma no lineal; pero este enfoque nos lleva a caer en la *rumiación*.

La rumiación se entiende si pensamos en cómo funciona el aparato digestivo de los rumiantes. Una vaca digiere parcialmente algo de comida, la vomita, vuelve a masticarla, la traga, vuelve a digerirla parcialmente, y así sucesivamente para digerir cosas que normalmente serían difíciles de digerir para ti o para mí. Los seres humanos hacemos lo mismo con los temas desagradables o los pensamientos que nos limitan. Es muy molesto cuando parece que una situación no tiene sentido, pero no dejamos de pensar en ella, creyendo que así se solucionará. Sin embargo, los estudios sobre el tema demuestran que al hacerlo estamos centrándonos en la historia de una forma «desequilibrada». Es entonces cuando empiezan a mezclarse diferentes ideas y experiencias. De hecho, esta confusión suele llevar a una «reconsolidación de la memoria», que hace que los recuerdos y las creencias se vuelvan más extremos. Esto quiere decir que la rumiación suele llevar a una narrativa personal más exagerada. Para evitar este patrón, lo adecuado es seleccionar las premisas de una en una.

Conócete a ti mismo/a

Aunque es probable que ya hayas efectuado alguna introspección, tómate un tiempo para hacer inventario de algunas creencias de las que no eres consciente.

¿Cuáles son las relaciones fundamentales en mi vida?

____

____

____

¿Qué me han enseñado estas relaciones sobre mí, otras personas y el mundo en general?

____

____

____

¿Qué experiencias relevantes de mi vida me han conformado en lo que soy y lo que pienso?

____

____

____

¿Qué creencias sobre mí, otras personas y el mundo en general he adquirido a partir de estas experiencias?

___

___

___

¿Existen otros factores esenciales que hayan moldeado mi manera de ser (incluidos los mensajes culturales e interculturales)?

___

___

___

A partir de estos factores, ¿qué mensajes he aprendido sobre mí, otras personas y el mundo en general?

___

___

___

¿Alguna de estas suposiciones te bloquea o te impide vivir el tipo de vida que quieres? Ahora, si ya sabes lo que quieres evaluar, ponlo por escrito, pero si no tienes seguridad sobre ello no pasa nada, en la siguiente parte del libro podrás identificar qué hipótesis examinar. Y, aunque ya sepas lo que quieres investigar, la siguiente parte te ayudará a desarrollar un mejor conocimiento de las hipótesis subyacentes para proporcionarte una línea de investigación socrática más productiva.

Recopila información

En esta etapa se suele usar una herramienta de capacitación denominada *automonitorización*. Consiste en ponerse a los mandos de la nave para examinar con total precisión por qué existen tus creencias y cómo afectan a tus problemas actuales. La memoria humana no es del todo fiable y puede verse distorsionada por el estrés, el insomnio, la ansiedad, el estado de ánimo, el dolor crónico, el agotamiento, las dificultades en las relaciones, etc. Como dice el refrán: «Más vale lápiz corto que memoria larga». Así que es clave recabar algo de información (y registrarla) para saber más sobre los supuestos en los que se basa tu angustia.

Para ello, lo primero es ver qué situaciones te angustian, cuándo es más intensa esa angustia y qué situaciones tienden a provocarla. Esto puede incluir estímulos tanto internos como externos. En general, sirve de ayuda describir qué emoción específica está vinculada a esa angustia, así como calificar la intensidad de la emoción para ver qué situaciones son las más dignas de investigar. Para aprender a seguir este proceso nos basaremos en la historia de Dan, que está indagando sobre su sensación de ser un fracasado. A continuación, te ofrecemos un espacio para que escribas tu propia historia.

Situación ¿Quién?, ¿qué?, ¿cuándo?, ¿dónde?	**Contexto externo** ¿Qué pasaba a mi alrededor en esta situación?	**Contexto interno** ¿Qué pasaba en mi interior en esta situación? ¿Dónde está puesta mi atención? ¿Qué pensamientos corren por mi mente?	**Emoción e intensidad** ¿Qué siento? En una escala del 1 al 100, ¿con qué intensidad lo siento?
Yo solo, preparando una presentación, el lunes por la mañana, en el trabajo.	El resto de la gente parece muy productiva y confiada.	Tengo miedo. Estoy seguro de que lo haré mal.. Creo que no soy capaz de hacer la presentación. Me preocupa perder mi trabajo. No me puedo concentrar. No dejo de pensar que soy un fracasado.	Miedo, 85.
Con mi pareja, preparando la cena, por la noche, en casa.	Me pregunta [mi pareja] cómo me ha ido el día, pero yo no quiero hablar de ello. Intenta charlar conmigo, pero soy un poco grosero sin ningún motivo.	No quiero hablar de trabajo. No quiero pensar en el trabajo; hacerlo me recuerda que soy un fracasado. Tengo ansiedad, pero me cuesta hablar de ello con mi pareja. No quiero ser grosero con ella, aunque tampoco deseo derrumbarme y mostrarle el miedo que tengo. Solo quiero que pase todo.	Miedo, 50. Irritabilidad, 90.

<table>
<tr><td>Yo solo, mirando el móvil con ansiedad, esa noche más tarde, en el sofá.</td><td>Mi pareja me dice que estoy siendo grosero y me deja solo en casa.</td><td>Me alivia no hablar del trabajo, pero me preocupa mi relación. Me enfada ser responsable de provocar problemas en casa. Ahora estoy estresado y preocupado por mi familia y por el trabajo.</td><td>Miedo, 70
Irritabilidad, 70.</td></tr>
<tr><td colspan="4">¿Qué temas me llaman la atención?
Suelo sentir pánico, aunque no hablo con nadie de ello. Evitando pensar en las cosas que me preocupan genero un nuevo problema (y casi seguro que es un problema más grave).</td></tr>
<tr><td colspan="4">¿En qué situaciones son más intensas estas sensaciones?
En situaciones en las que podría meter la pata o parecer estúpido.</td></tr>
<tr><td colspan="4">¿Qué circunstancias internas empeoran estas sensaciones?
La evitación. Eludir enfrentarme al problema no hace más que empeorarlo.</td></tr>
</table>

Ahora elabora un cuadro igual con tu propia experiencia. Ten en cuenta que esta hoja de ejercicios tampoco es la panacea, y que no es necesario ser perfeccionista: aunque escribas algo útil en la columna equivocada, seguirá siendo útil. Lo que pretende este ejercicio es recopilar información, más adelante ya la analizaremos.

<table>
<tr><th>Situación

¿Quién?, ¿qué?, ¿cuándo?, ¿dónde?</th><th>Contexto externo

¿Qué pasaba a mi alrededor en esta situación?</th><th>Contexto interno

¿Qué pasaba en mi interior en esta situación? ¿Dónde está puesta mi atención? ¿Qué pensamientos corren por mi mente?</th><th>Emoción e intensidad

¿Qué siento? En una escala del 1 al 100, ¿con qué intensidad lo siento?</th></tr>
<tr><td></td><td></td><td></td><td></td></tr>
<tr><td></td><td></td><td></td><td></td></tr>
<tr><td></td><td></td><td></td><td></td></tr>
<tr><td colspan="4">¿Qué temas me llaman la atención?</td></tr>
<tr><td colspan="4">¿En qué situaciones son más intensas esas sensaciones?</td></tr>
<tr><td colspan="4">¿Qué circunstancias internas empeoran esas sensaciones?</td></tr>
</table>

Haz un seguimiento a lo largo del tiempo, ya que los retos a los que te enfrentas pueden variar cada semana. A medida que recopilas datos durante una o varias semanas irás acumulando temas. Puedes servirte de ellos para hacerte una mejor idea de qué analizar. Aunque algunos pensamientos que nos pasan por la mente no son más que ruido o tonterías, si rastreamos los temas de nuestros pensamientos nos haremos una idea más ajustada de las historias que hemos construido sobre nosotros mismos y el mundo que nos rodea (Figura 6). Las creencias y suposiciones subyacentes que nos limitan influyen en las normas que nos imponemos, las predicciones que hacemos y en cómo interpretamos lo que ocurre. Aprender a identificar nuestras creencias ocultas es un proceso imprescindible.

Supongamos que una persona está siempre pensando en que su familia no la quiere y esto le provoca una enorme tristeza. ¿Cuáles son los supuestos subyacentes a la interpretación que podrían estar provocando esa tristeza? Por ejemplo, puede ser que él o ella extrapole de su interpretación que es una persona antipática o que nadie la querrá nunca. Esta construcción de su propia antipatía podría explicar que llegue a sufrir una angustia tan grande a partir de una mera interpretación de la situación.

Otro ejemplo podría ser el de un individuo que esté planteándose dejar una relación de codependencia, pero que al mismo tiempo tenga pensamientos angustiosos sobre que la otra persona no podrá arreglárselas sin él. En el fondo de este pensamiento angustioso podría estar la hipótesis de que su misión en la vida es cuidar de los demás, y que sería egoísta por su parte abandonar a su pareja.

¿Cuáles son los temas recurrentes de mis suposiciones?

____

____

____

____

¿Qué situaciones suelen ser difíciles para mí?

____

____

____

____

¿Qué suelo pensar, sentir y hacer en estas situaciones?

¿Cuál es mi interpretación típica de tales situaciones?

¿Cuáles son las posibles razones por las que dichas situaciones pueden provocarme estos pensamientos y emociones?

¿Qué hipótesis subyacen a estas situaciones?

____

____

____

¿Se mantienen constantes las hipótesis en todas las situaciones?

____

____

____

Si te cuesta expresar o identificar tus hipótesis subyacentes, una de las estrategias filosóficas «de la comadrona» es lo que se denomina *técnica de la flecha descendente*. Se trata de una técnica de investigación que plantea la siguiente pregunta: «Si el pensamiento superficial fuera cierto (hipotéticamente), ¿por qué mi interpretación provoca la emoción que estoy sintiendo?» Allí donde coincidan tu interpretación y tu emoción, eso serán tus creencias subyacentes.

¿Por qué la interpretación de la situación me provoca esta reacción emocional concreta?

____

____

____

¿Qué hipótesis podrían explicar mi reacción?

____

____

____

____

¿Parecen estar estas suposiciones en el centro de mis problemas?

____

____

____

Hay que decir que este proceso puede llevar un tiempo. No te desanimes si no eres capaz de identificar enseguida tus supuestos subyacentes; esto es algo que hay que ir analizando y meditando. Mientras tratas de identificar tus creencias ocultas, aprovecha para practicar las capacidades y estrategias estoicas que hemos comentado en los capítulos anteriores.

Credibilidad de la suposición

Una vez identificada la hipótesis que subyace a tu angustia, reflexiona hasta qué punto crees en ella. Si descubres que la suposición te angustia, pero no tiene sentido (es decir, que no te la crees ni intelectual ni emocionalmente), entonces la mejor estrategia sería reorientar tu atención hacia una vida guiada por tus valores y las virtudes estoicas.

Exigencias y supuestos

Una de las primeras aplicaciones de la filosofía estoica a la terapia cognitiva la hizo el famoso psicólogo Albert Ellis. Él estaba enfocado en detectar las irracionalidades de los pensamientos humanos, tales como las exigencias veladas o la intolerancia a la frustración. En una ocasión, este científico resumió algunas de sus observaciones en el siguiente consejo para evaluar nuestros pensamientos: «Hay tres tipos de exigencias que nos impiden avanzar: tengo que hacerlo bien, me tienes que tratar bien y el mundo debe ser fácil» (Ellis, 2005).

Pero ya hemos visto que una buena vida estoica no es la que está exenta de problemas u obstáculos. La gente desarrolla un sufrimiento innecesario cuando se autoimpone unas exigencias rígidas que no se ajustan a la realidad. Si lo que asumes es algo que consideras un *deber* o una *obligación*, es probable que te provoque una gran ansiedad. La rigidez es aquí el problema fundamental. Las hipótesis sobre cómo se deberían hacer las cosas o cómo deberían comportarse los demás te generan sufrimiento, porque estás intentando controlar aquello que eres incapaz de controlar. Para reducir tu nivel de exigencia es bueno que revises los capítulos anteriores sobre la filosofía estoica.

Una observación que se suele hacer a este respecto es que mucha gente tiene buenas razones para creer que ciertas cosas son «deberes». Por ejemplo, en numerosos países el código de circulación marca que el carril izquierdo de una autopista es para adelantar y que, por lo tanto, debes cambiarte de carril si alguien quiere adelantarte. Este es un buen ejemplo de situación en la que tendrías una buena razón para tu suposición. Ahora bien, es muy probable que, si te aferras a ella con rigidez, aumente tu sufrimiento, porque el mundo no funciona siempre sometido a las leyes de la razón. Luchar contra la realidad desde la no aceptación suele provocar una respuesta desproporcionada que casi nunca es eficaz. La perspectiva estoica se centra en aquello que puedes controlar. Si la hipótesis de que la gente debe conducir con educación se asocia a una reacción emocional fuerte (como la ira), entonces podrías evaluar si hay algún elemento más en la suposición, como que «la gente debería conducir con educación... y si no, la castigaré» o «la gente debería conducir con educación... y no soporto que no lo haga». Las suposiciones que se centran en elementos que quedan fuera de tu control te distraen de los que sí puedes controlar.

Examina tu definición

Sócrates solía emplear estos métodos para evaluar las virtudes y la moral, pero antes de eso se esforzaba por definir el término que iba a ser evaluado. Con el fin de evaluar si algo es virtuoso, antes hemos de definir el término «virtuoso». Si vamos a evaluar si algo es ético, tendremos que definir la ética. De la misma manera, si vamos a aplicar esta forma de pensamiento socrático a las creencias e historias personales que nos limitan, entonces hemos de definir qué vamos a evaluar.

Por ejemplo, piensa en una mujer que cree que es mala madre. Antes de evaluar si lo es o no hay que saber qué entiende ella por ser una «buena madre». En este caso, existen evidencias de que es imposible ser una madre perfecta y de que, en general, un objetivo más sano y realista es ser una madre «lo bastante buena». La evaluación de las expectativas que esta mujer se ha impuesto a sí misma (y que otros le han impuesto) permite considerar una pregunta inicial: «¿Cuál es el objetivo?». Muchas veces, el sufrimiento no solo proviene de las propias suposiciones, sino que está motivado por otras suposiciones (o definiciones) que hay dentro de ellas. La pregunta (o la variante de la pregunta) «¿qué es ser lo bastante buena?» es, con frecuencia, un componente clave de este proceso.

Otro ejemplo es el de la persona que cree ser una fracasada o que tiene miedo al fracaso. En primer lugar, habría que evaluar cómo define el fracaso; si lo hace utilizando como base cualquier ejemplo de fracaso, entonces será imposible para esa persona no sentirse fracasada, ya que es una utopía tener solo éxitos en la vida. En cambio, muchas personas definen la perseverancia y las agallas como los atributos clave para tener éxito y no fracasar.

Un tercer ejemplo podría ser el de alguien que cree que no merece que le quieran. En este caso habría que examinar varias hipótesis. Primero, ¿es posible que alguien no merezca que le quieran? ¿A qué edad puede empezar esa situación? ¿Es posible que un bebé nazca sin que le amen? ¿Es el amor que recibes una medida precisa del que mereces? Suele existir, de hecho, una falsa equivalencia entre el valor que los demás otorgan a una persona y su valor intrínseco como ser humano.

Nuestras definiciones tienden a inclinarse en el sentido de nuestras emociones. Por tanto, para equilibrar el filtrado cognitivo habrá que establecer una definición universal que se aplique a todo el mundo. Dedica un tiempo a pensar en el supuesto que estás evaluando y observa cómo has definido el término. A lo mejor te ayuda buscarlo en el diccionario. Si es un término graduable, divídelo en un continuo y establece un punto de corte que equivalga a «lo bastante bueno».

<table>
<tr><td colspan="3">¿Qué estoy evaluando y cómo lo defino?

Mi miedo a ser una persona fracasada. Si cometo un error, es un fracaso, lo que me convierte en una persona fracasada.</td></tr>
<tr><td>¿Es realista mi definición?</td><td>Sí</td><td>No (marcado)</td></tr>
<tr><td>¿Es universal mi definición (se establece el mismo rasero para mí y para los demás)?</td><td>Sí</td><td>No (marcado)</td></tr>
</table>

¿Me lleva a la decepción mi definición?	(Sí)	No
¿Podría considerar otra definición que fuera más equilibrada o razonable?	(Sí)	No
Definición del tema de la investigación: Fracasar significa abandonar por miedo a cometer un error. Es imposible tener éxito si temo cometer errores.		

¿Qué estoy evaluando y cómo lo defino?		
¿Es realista mi definición?	Sí	No
¿Es universal mi definición (se establece el mismo rasero para mí y para los demás)?	Sí	No
¿Me lleva a la decepción mi definición?	Sí	No
¿Podría considerar otra definición que fuera más equilibrada o razonable?	Sí	No
Definición del tema de la investigación:		

Segundo paso: conocer el contexto

El segundo paso de nuestro método de cuestionamiento autosocrático consiste en comprender cómo se formó ese supuesto y cómo estás reforzándolo en tu vida.

¿Es algo en especial que me dijera alguien en el pasado? Si es así, ¿quién?

____

¿Es algo que he inferido yo? Si es así, ¿cómo?

____

____

____

¿Puedo rastrear el origen de este supuesto?

____

____

____

____

____

____

Experiencias

Si esta suposición es algo que has llevado a cuestas a lo largo de tu vida, como si tu mente fuera una mochila, ¿recuerdas cuándo te la echaste a la espalda? ¿La encontraste por tu cuenta? ¿Te la dio alguien? ¿Es algo que adquiriste de una única experiencia o la has ido desarrollando con el tiempo? En el siguiente ejercicio, escribe lo que recuerdes sobre el origen de este supuesto. Puede ser un proceso difícil desde el punto de vista emocional, por lo que es posible que necesites ir a tu ritmo. No se trata de narrar un trauma, sino de hablar en líneas generales sobre cómo has desarrollado esta creencia.

El origen de mi creencia

El primer recuerdo de mi miedo al fracaso es la sensación que tenía de joven de que nada era lo bastante bueno para mi padre. Me acuerdo de esforzarme mucho en el colegio, pero cuando le enseñaba las notas a mi padre él nunca se impresionaba. Recuerdo dedicar un gran esfuerzo a los deportes, pero él nunca venía a verme a los partidos. Era como si nada de lo que hiciera fuera lo bastante bueno.

El origen de mi creencia

____

____

____

____

____

Evidencia

Es necesario que consideres si hay otras pruebas que respalden tu suposición. Procura no usar un pensamiento o suposición como evidencia de otro. Aquí se trata de sopesar los hechos. Si te vienen a la mente otras hipótesis, anótalas y evalúalas después; es probable que merezcan su propia evaluación.

¿Hay hechos o pruebas que respalden el supuesto que estás evaluando?

La principal prueba de mi temor a ser un fracasado es mi falta de logros. He sufrido varios contratiempos en mi vida. La conducta evasiva y la procrastinación me han causado problemas en el trabajo. Una vez me despidieron por eso; otra, estuvieron a punto de despedirme, pero lo dejé yo antes. Por eso hay casos en los que siento que he fallado tanto como para ser despedido.

¿Hay hechos o pruebas que respalden el supuesto que estás evaluando?

____

____

____

____

____

____

Resume los argumentos a favor de la suposición

Por último, tendrás que resumir los argumentos a favor de la hipótesis que estás evaluando.

¿Cómo resumirías los argumentos a favor de la hipótesis que estás evaluando?

La hipótesis de que soy un fracasado está basada en las primeras interacciones con mi padre. Siempre tuve la impresión de que nada de lo que hacía era lo bastante bueno para él. En la actualidad, la prueba a favor de esta creencia es mi falta de éxitos o logros relevantes. También mi conducta evasiva y de procrastinación ha hecho que me despidieran de algún trabajo y que tuviera problemas en otros.

¿Cómo resumirías los argumentos a favor del supuesto que estás evaluando?

Tercer paso: curiosidad

Ahora que ya has desarrollado una adecuada comprensión de la creencia que estás evaluando y los argumentos a su favor, ha llegado el momento de ampliar tus conocimientos mediante la curiosidad. Es crucial que sepas lo que estás obviando.

¿Falta algún contexto?

De manera habitual, hacemos interpretaciones específicas de una situación que luego generalizamos más allá de ella. Es necesario identificar el contexto en el que se ha desarrollado la suposición para evaluar si existe congruencia entre el entorno en el que se formuló y el actual. Reflexiona, pues, sobre el contexto de esas primeras situaciones. Por ejemplo, ¿te sentías impotente en tu infancia, en parte, porque eras pequeño/a? El establecimiento de un contexto es vital para la comprensión de la suposición. ¿Te maltrató alguien importante para ti en tu infancia? ¿Hay algo de esa persona que le haga ser diferente a alguien normal o al resto de la gente?

¿En qué contexto se desarrolló el supuesto? ¿Cómo encaja este contexto con la situación actual?

Un contexto predominante es el hecho de que mi padre nunca se dejaba impresionar por nada. De hecho, es un hombre muy poco emotivo. No es que se sintiera orgulloso de otros y no de mí, sino que es muy distante desde el punto de vista emocional, en general.

¿En qué contexto se desarrolló el supuesto? ¿Cómo encaja este contexto con la situación actual?

____

____

____

____

¿Existe un círculo vicioso?

Los círculos viciosos se dan cuando la respuesta a un problema lo perpetúa sin querer. Un ejemplo de esto podría ser el hecho de dejar a medias o evitar tareas difíciles por miedo al fracaso. La consecuencia indeseada de este comportamiento es, claro, la falta de éxito. Quien no arriesga no gana. Esto genera un círculo vicioso en el que la persona no tiene éxitos en los que basarse cuando le preguntan sobre sus habilidades y, por tanto, sigue creyéndose esa historia falaz de que es una fracasada. En realidad, lo que le pasa es que *tiene miedo de fracasar*. Por consiguiente, lo que deberías preguntarte es cómo te comportas y respondes en situaciones donde se activa esta creencia. Muchas veces la gente reacciona con una estrategia de control o de evasión, con la intención de minimizar su incomodidad. Sin embargo, por lo general este camino de menor resistencia a corto plazo suele provocar más sufrimiento a la larga.

¿Cómo respondo cuando se activa esta creencia? ¿Qué consecuencias tiene a largo plazo este comportamiento?

Cuando tengo la sensación de que no voy a rendir lo bastante bien, o temo fracasar, tiendo a pensar demasiado en la situación y entonces acabo evitándola. Esto hace que me agote, y la consecuencia a largo plazo es que no tengo muchos logros de los que presumir en mi vida. He tenido pocos trabajos y mi rendimiento es inferior al esperado, lo que corrobora mi relato de que soy una persona fracasada.

¿Cómo respondo cuando se activa esta creencia? ¿Qué consecuencias tiene a largo plazo este comportamiento?

____

____

____

____

____

¿Hay vacíos en el conocimiento y la experiencia?

La gente suele tener experiencias limitadas sobre su uso de las estrategias de control y evasión. Esta falta de experiencias se traduce a su vez en una falta de experiencias sucesivas. Desde el punto de vista científico o filosófico, se necesita la experimentación activa para contar con una muestra representativa de experiencias. Por ahora te has fijado solo en qué sueles hacer cuando se activa una suposición. Ahora lo que has de saber es en qué experiencias y actividades has dejado de involucrarte por culpa de tus creencias. A lo mejor tienes que identificar actividades en las que participar durante un tiempo para recabar nuevas experiencias y pruebas. Recuerda que es normal que cuando hagas algo nuevo no te salga perfecto. Uno de los retos del ser humano es persistir en ser mediocre en algo antes de llegar a ser excelente. Podrás volver a esta sección más adelante, cuando hayas desarrollado nuevos patrones de comportamiento.

¿En qué experiencias y actividades no he participado por culpa de mis suposiciones?

No suelo probar actividades en las que pienso que voy a fracasar. Las abandono o las evito por miedo a fallar. Por consiguiente, desconozco cuáles serían mis habilidades si lo intentara. Deduzco que lo más probable es que no lo hiciera bien al principio, pero que tendría que persistir para desarrollar las competencias que quiero adquirir.

¿En qué experiencias y actividades no he participado por culpa de mis suposiciones?

____

____

____

____

____

¿Hay alguna posible explicación alternativa?

Este concepto se explica bien con aquello de que *la correlación no implica causalidad*. A veces puede parecer que dos cosas están relacionadas, cuando en realidad no lo están. Un ejemplo típico de esta idea es la correlación entre las ventas de helados y el número de homicidios. Las estadísticas indican que hay más homicidios cuanto más helado se vende. Esta correlación podría llevar a alguien a pensar que los helados son peligrosos; sin embargo, hay una tercera variable a tener en cuenta: en verano es cuando se venden más helados, y el aumento de la temperatura que se produce en esa estación del año explica mejor el aumento de la tasa de homicidios. Piensa, pues, en si podría haber otras variables en juego. ¿Tal vez algún otro factor o factores están influyendo en los resultados? ¿Quizá afectan determinados contextos, comportamientos, sucesos o factores culturales?

¿Hay otras variables o factores que influyan en mi supuesto?

Bueno, mi suposición está muy influenciada por mi padre. Podría haber factores que hagan que sea más cosa de él y no cosa mía . Por ejemplo, motivos para que sea tan poco emocional. Supongo que nunca pensé que podría ser algo más suyo que mío.

¿Hay otras variables o factores que influyan en mi supuesto?

Filtrar o eliminar lo que no concuerda con las creencias

Muchas veces pasa que nuestras creencias son generalizaciones exageradas de cosas que nos ocurren de verdad. Para comprender mejor los detalles de la realidad y las propias creencias es fundamental reconocer los casos en los que tus suposiciones pasadas no resultaban ciertas. ¿Hubo alguna excepción? ¿Alguna vez sucedió que lo que esperabas que ocurriera no ocurrió? Piensa que a veces pasa lo que esperas que pase, pero no te das cuenta. Un hallazgo frecuente de la psicología social es que tendemos a ver lo que esperamos ver y a recordar haber visto lo que esperábamos ver.

De ahí se deduce que es necesario rastrear y registrar las experiencias discrepantes que solemos pasar por alto por el mero hecho de que la mente las filtra. Por ejemplo, es probable que quien se cree incompetente se fije más en sus fracasos que en sus logros. Este patrón de pensamiento no hace más que aumentar sus creencias sobre la propia incompetencia. A estas personas les suele venir bien llevar un registro de sus logros, para así contar con un recuerdo más objetivo de lo ocurrido.

Piensa en cuáles son los elementos de una interacción a los que tal vez prestarás más atención dadas tus suposiciones. Por ejemplo, alguien que cree que la gente es maleducada y desconsiderada quizá pasará por alto los casos en los que otras personas son corteses o atentas. Del mismo modo, quienes suponen que son incompetentes obviarán los casos de competencia o logro personal. Y quienes creen que se les rechazará o ignorará filtrarán los casos de neutralidad o aceptación.

¿Qué suelo pasar por alto en una situación?

En general, ignoro los momentos en que hago un buen trabajo u obtengo un resultado aceptable. Tengo tanto miedo a hacerlo mal o a meter la pata que no me detengo a reconocer mis logros.

¿Qué suelo pasar por alto en una situación?

Excepciones a las suposiciones

¿Has tenido alguna experiencia que haya sido una excepción a tu suposición? Tendrás que dedicar algo de tiempo a rastrear estas salvedades para contar con una comprensión más equilibrada de lo ocurrido. En ocasiones, habrá que incorporar un patrón de comportamiento nuevo para favorecer las excepciones. Por ejemplo, alguien que tenga miedo a fracasar y abandone al primer signo de fracaso no dispondrá de muchos éxitos en los que basarse. Por tanto, tendrá que desarrollar un nuevo patrón de comportamiento que le permita vivir nuevas experiencias contrarias a sus creencias.

¿Qué experiencias me llaman la atención por no corroborar mi creencia?

No hay nada relevante que me llame la atención. Intento evitar las tareas esenciales por miedo al fracaso. En alguna ocasión he hecho un buen trabajo y mi jefe me lo ha reconocido, pero no suelo fijarme en eso.

¿Qué experiencias me llaman la atención por no corroborar mi creencia?

La funcionalidad de la suposición

Un enfoque práctico es considerar la funcionalidad de tu creencia, es decir, fijarte menos en si es o no empíricamente cierta y más en sus consecuencias. ¿Te sirve de algo? ¿Cómo afecta a tu comportamiento y qué ocurre? ¿Hay alguna otra forma de ver la situación que potencie el tipo de comportamiento que deseas?

¿Cuáles son los efectos a corto y largo plazo de creer en mi suposición?

Creer que soy incompetente me produce una gran angustia a corto plazo. Suelo caer en el patrón de la evitación, lo cual impide mi desarrollo y progreso a largo plazo. El efecto a la larga de sentirme incompetente es que doy una imagen de persona incompetente porque no he asumido ningún riesgo real en mi vida.

¿Cuáles son los efectos a corto y largo plazo de creer en mi suposición?

____

____

____

____

____

____

____

Otras pruebas o factores a considerar

Veamos ahora si hay pruebas o factores adicionales que puedan afectar a la veracidad de tu creencia. Quizá haya otras razones por las que no confiar en ella.

¿Hay otros hechos o pruebas que nieguen mi creencia?

Creo que al leer este libro he entendido la idea de la doble ignorancia: no saber lo que estás haciendo, y no saber que no sabes lo que estás haciendo, esa es la clase de ignorancia más peligrosa. Si tengo defectos, pero soy consciente de ellos, esto es una competencia en sí misma. No me hace sentir necesariamente mejor, pero es bueno saber que no soy ignorante ante mis defectos.

¿Hay otros hechos o pruebas que nieguen mi creencia?

Cuarto paso: resumen y síntesis

El objetivo de este proceso es detenerse para salir del pozo de la creencia. Desde esa posición podrás ver bien lo que pasa y adoptar una perspectiva más equilibrada y precisa de las cosas. Es difícil alejarse mentalmente de la historia que te has creado y ver las cosas tal como son. Para ello, tendrás que reconocer que, como seres humanos que somos, nuestra percepción es limitada. El primer paso hacia esta sabiduría consiste en reconocer que hay cosas que no sabes. En este último paso elaborarás un resumen de todo este diálogo.

Resumen

La primera etapa de este proceso consiste en resumir las razones en contra de tu creencia para formarte una opinión más equilibrada. Lee el ejemplo siguiente y luego haz el ejercicio. Tómate tu tiempo y si tienes que echar un vistazo a las páginas que has escrito, hazlo. Es un proceso que puede ser laborioso, así que tómatelo con calma.

¿Cuál es el resumen general de mi diálogo socrático?

La creencia de que soy una persona fracasada se basa en mis primeras interacciones con mi padre, en las que tenía la impresión de que nada de lo que hacía era lo bastante bueno para él. Lo que ahora respalda mi creencia es mi falta de éxitos o logros relevantes. También la procrastinación y la conducta de evitación me han hecho perder algún trabajo o tener problemas laborales. Reconozco en este proceso algunos factores contextuales fundamentales. Por ejemplo, mi padre parecía no estar orgulloso de mí, aunque era una persona en general poco emotiva, y por eso no me lo he de tomar como algo personal. Nunca antes había pensado que podría tratarse de un problema suyo y no mío. También el hecho de no haber logrado nada en la vida se debe a mi miedo a probar cosas. Temo más fracasar que abandonar, y por tanto nunca he llegado a comprobar cuál es mi verdadero potencial. He logrado algunos éxitos en el trabajo; ninguno de ellos de relevancia, pero también cuentan. De todas formas, cuento con la ventaja de que reconozco mis defectos, por lo que no soy doble ignorante.

¿Cuál es el resumen general de mi diálogo socrático?

____

____

____

____

____

____

Síntesis

La primera parte del método *elenchus* consiste en definir el concepto que luego se probará o refutará mediante su cuestionamiento. Al principio de este proceso elaboras una definición del supuesto que vas a evaluar. A continuación, conviertes esta definición en algo más equilibrado y universal. En este último paso compararás la definición universal con tu resumen. De este modo verás si tu suposición es cierta o si, por el contrario, la tienes que modificar.

Reformular mi suposición

Tengo miedo a fracasar. Fracasar significa abandonar por miedo a cometer un error. Si tengo miedo de cometer errores no puedo tener éxito.

¿Confirma mi suposición el resumen general?

No. No soy una persona fracasada, porque todavía no he abandonado, aunque corro el riesgo de fracasar si sigo evitando los retos. Lo curioso es que mi miedo al fracaso puede hacer que me convierta en una persona fracasada si no cambio.

Reformulo mi suposición de una forma que sea más coherente con la información que he obtenido a partir del diálogo socrático.

Seré una persona fracasada si vivo una vida de miedo y evitación. Enfrentarme a mis miedos y autodesafiarme es el camino hacia el éxito.

Reformulo mi suposición

____

____

____

¿Confirma mi suposición el resumen general?

____

____

____

Reformulo mi suposición de una forma que sea más coherente con la información que he obtenido a partir del diálogo socrático.

____

____

Este diálogo es solo una conversación en toda una vida de desarrollo. A medida que identifiques los comportamientos que se correspondían con tus antiguas suposiciones, reflexiona también sobre los que contribuirán a consolidar tu nueva suposición. ¿Cuáles están en consonancia con tus valores y virtudes estoicas? En pocas palabras, la información es positiva, pero la información sumada al cambio de comportamiento es aún mejor.

Conclusiones del capítulo 10

- Puedes aprender a pensar como Sócrates para superar aquellas suposiciones que te limitan.
- El primer paso es identificar un supuesto al que prestar atención.
- A continuación, habrá que ver cómo se ha originado ese supuesto.
- Luego emplearás la curiosidad para ampliar tu perspectiva y ver qué estás pasando por alto.
- Por último, te servirás de las estrategias de resumen y síntesis para dar lugar a una perspectiva y un plan de acción más coherentes.

Referencias

Adams-Clark, A. A., Yang, X. Lind, M. N., Martin, C. G. y Zalewski, M. 2022. «I'm Sorry: A New DBT Skill for Effective Apology». *DBT Bulletin* 6(1): 29-30.

Addison, J. 1713. *Cato: A Tragedy. As It Is Acted at the Theatre-Royal in Drury-Lane, by Her Majesty's Servants*. Londres: Shakespeare's Head.

Aurelio, M. 2003. *Meditaciones: Vivir, morir y la buena vida*. Traducido por G. Hays. Londres: Phoenix.

———. 2013. *Meditaciones, Libros 1–6*. Traducido por C. Gill. Londres: Oxford University Press.

Beck, A. T. 1976. *Cognitive Therapy and the Emotional Disorders*. Nueva York: Meridian.

———. 1989. *Love Is Never Enough: How Couples Can Overcome Misunderstandings, Resolve Conflicts, and Solve Relationship Problems through Cognitive Therapy*. Nueva York: Harper & Row.

Beck, A. T. y Haigh, E. A. P. 2014. «Advances in Cognitive Theory and Therapy: The Generic Cognitive Model». *Annual Review of Clinical Psychology* 10: 1-24.

Brach, T. 2004. *Radical Acceptance: Embracing Your Life with the Heart of a Buddha*. Nueva York: Bantam.

Chiaradonna, R. y Galluzzo, R. C. G. 2013. *Universals in Ancient Philosophy*. Pisa: Edizioni Della Normale.

Dillon, J. (ed.) 2003. *The Greek Sophists*. Londres: Penguin.

Dodds, E. R. 1990. *Gorgias: A Revised Text, with Introduction and Commentary*. Nueva York: Clarendon Press.

Ellis, A. 1962. *Reason and Emotion in Psychotherapy: A Comprehensive Method of Treating Human Disturbance*. Secaucus, NJ: Citadel.

———. 2005. *The Myth of Self-Esteem: How Rational Emotive Behavior Therapy Can Change Your Life Forever*. Buffalo, NY: Prometheus Books.

Epicteto. 1995. *The Discourses: The Handbook, Fragments*. Traducido por R. Hard. Editado por C. Gill y R. Stoneman. Londres: Everyman.

Gilbert, P. 2009. «Introducing Compassion-Focused Therapy». *Advances in Psychiatric Treatment* 15(3): 199-208.

Gilbert, P. y Procter, S. 2006. «Compassionate Mind Training for People with High Shame and Self-Criticism: Overview and Pilot Study of a Group Therapy Approach». *Clinical Psychology & Psychotherapy* 13(6): 353-379.

Gill, C. 2010. *Naturalistic Psychology in Galen and Stoicism*. Londres: Oxford University Press.

Graver, M. R. 2019. *Stoicism and Emotion*. Chicago: University of Chicago Press.

Greenberg, L. S. 2004. «Emotion-Focused Therapy». *Clinical Psychology & Psychotherapy* 11(1): 3-16.

Grimes, P. y Uliana, R. L. 1998. *Philosophical Midwifery: A New Paradigm for Understanding Human Problems with Its Validation*. Costa Mesa, CA: Hyparxis Press.

Harper, K. 2014. *Cato, Roman Stoicism, and the American "Revolution"*. Sídney: University of Sydney.

Hayes, S. C., Strosahl, K. D. y Wilson, K. G. 2016. *Acceptance and Commitment Therapy: The Process and Practice of Mindful Change*. Nueva York: Guilford Press.

Holiday, R. 2014. *The Obstacle Is the Way: Turning Adversity into Advantage*. Nueva York: Portfolio.

———. 2016. *Ego Is the Enemy*. Nueva York: Portfolio.

Holiday, R. y Hanselman, S. 2020. *Lives of the Stoics: The Art of Living from Zeno to Marcus Aurelius*. Londres: Penguin.

King, C. 2011. *Musonius Rufus: Lectures and Sayings*. Seattle: CreateSpace.

LeBon, T. 2022. *365 Ways to Be More Stoic: A Day-by-Day Guide to Practical Stoicism*. Londres: John Murray One.

Linehan, M. M. 2014. *DBT Skills Training Manual*, 2.ª ed. Nueva York: Guilford Press.

Maslow, A. H. 1966. *The Psychology of Science: A Reconnaissance*. Nueva York: Harper & Row.

Nehamas, A. 1998. *The Art of Living: Socratic Reflections from Plato to Foucault*, vol. 61. Berkeley, CA: University of California Press.

Overholser, J. C. 2018. *The Socratic Method of Psychotherapy*. Nueva York: Columbia University Press.

Padesky, C. A. 1993. «Socratic Questioning: Changing Minds or Guiding Discovery». Artículo presentado en el *European Congress of Behavioural and Cognitive Therapies*, Londres. http://padesky.com/newpad/wpcontent/uploads/2012/11/socquest.pdf

Pangle, T. L. 2018. *The Socratic Way of Life: Xenophon's "Memorabilia"*. Chicago: University of Chicago Press.

Peterson, C. y Seligman, M. E. P. 2004. *Character Strengths and Virtues: A Handbook and Classification*. Nueva York: Oxford University Press.

Pigliucci, M. y Lopez, G. 2019. *A Handbook for New Stoics: How to Thrive in a World Out of Your Control—52 Week-by-Week Lessons*. Nueva York: The Experiment.

Platón. 1997. *Obras completas*. Editado por J. M. Cooper y D. S. Hutchinson. Indianápolis, IN: Hackett.

Plutarco. 1914. *Lives*. Traducido por B. Perrin. Cambridge, MA: Harvard University Press.

Polat, B. B. 2019. *Tranquility Parenting: A Guide to Staying Calm, Mindful, and Engaged*. Lanham, MD: Rowman & Littlefield.

Ramelli, I. 2009. *Hierocles the Stoic*. Cardiff, Reino Unido: Sanderson Books.

Robertson, D. 2010. *The Philosophy of Cognitive-Behavioral Therapy: Stoicism as Rational and Cognitive Psychotherapy*. Londres: Karnac.

———. 2012. *Build Your Resilience: CBT, Mindfulness and Stress Management to Survive and Thrive in Any Situation*. Londres: Teach Yourself.

———. 2013. *Stoicism and the Art of Happiness*. Londres: Teach Yourself.

———. 2019. *Cómo pensar como un emperador romano: la filosofía estoica de Marco Aurelio*. Nueva York: St. Martin's Press.

Robb, H. 2022. *Willingly ACT for Spiritual Development: Acknowledge, Choose, & Teach Others*. Long Beach, NY: Valued Living Books.

Sellars, J. 2013. *The Art of Living: The Stoics on the Nature and Function of Philosophy*, 2.ª ed. Londres: Bloomsbury Academic.

———. 2020. *The Pocket Stoic*. Chicago: University of Chicago Press.

Séneca. 1917–1925. *Epístolas morales*, vol. 1. Traducido por R. M. Gummere. Cambridge, MA: Harvard University Press.

———. 2004. *Cartas de un estoico*. Traducido por R. Campbell. Harmondsworth, Reino Unido: Penguin.

Stankiewicz, P. 2020. *Manual of Reformed Stoicism*. Wilmington, DE: Vernon Press.

Tee, J. y Kazantzis, N. 2011. «Collaborative Empiricism in Cognitive Therapy: A Definition and Theory for the Relationship Construct». *Clinical Psychology: Science and Practice* 18(1): 47-61.

Tirch, D., Silberstein-Tirch, L. R., Codd III, R. T., Brock, M. J. y Wright, M. J. 2019. *Experiencing ACT from the Inside Out: A Self-Practice/Self-Reflection Workbook for Therapists*. Nueva York: Guilford Press.

Vlastos, G. 1991. *Socrates, Ironist and Moral Philosopher*, vol. 50. Ithaca, NY: Cornell University Press.

Waltman, S. H., Codd, R. T., McFarr, L. M. y Moore, B. A. 2020. *Socratic Questioning for Therapists and Counselors: Learn How to Think and Intervene Like a Cognitive Behavior Therapist*. Nueva York: Routledge.

Waltman, S. H. y Palermo, A. 2019. «Theoretical Overlap and Distinction between Rational Emotive Behavior Therapy's Awfulizing and Cognitive Therapy's Catastrophizing». *Mental Health Review Journal* 24(1): 44-50.

Waltman, S. y Sokol, L. 2017. «The Generic Cognitive Model of Cognitive Behavioral Therapy: A Case Conceptualization-Driven Approach». En *The Science of Cognitive Behavioral Therapy*, editado por S. Hofmann y G. Asmundson. Londres: Academic Press.

Xenophon. 1970. *Memoirs of Socrates and the Symposium*. Traducido por H. Treddenick. Harmondsworth, Reino Unido: Penguin.

Sobre los autores

Scott Waltman es doctor en Psicología, practicante del estoicismo y formador internacional en terapia cognitivo-conductual (TCC). Fue embajador universal de la World Confederation of Cognitive and Behavioural Therapies. Es miembro del consejo de la International Association of Cognitive Behavioral Therapy y presidente electo de la Academy of Cognitive and Behavioral Therapies (A-CBT). Ha sido coautor de *Socratic Questioning for Therapists and Counselors*. Vive en San Antonio, Texas.

R. Trent Codd III es especialista en Educación y vicepresidente de los servicios clínicos en Carolinas for Refresh Mental Health. Antes de asumir su cargo actual, fue director ejecutivo del Cognitive Behavioral Therapy Center de Western North Carolina, un grupo multidisciplinar especializado en la prestación de servicios de salud mental basada en la evidencia, que fundó en 2001. Además, es diplomado, socio y consultor/entrenador certificado de la A-CBT y analista de conducta titulado (BCBA). Codd ha escrito y colaborado en varias publicaciones y libros, incluido *Socratic Questioning for Therapists and Counselors*. Vive en Asheville, Carolina del Norte.

Kasey Pierce es escritora, editora y columnista estoica para Metro Detroit, Michigan. Fue editora de contenido *freelance* en *Verissimus*, de Donald Robertson, editora de *365 Ways to Be More Stoic*, de Tim LeBon, y conferenciante en el Plato's Academy Centre's Ancient Philosophy for Modern Leadership. A Pierce le entusiasma difundir los atractivos del estoicismo, y considera que las prácticas de la TCC son la forma más eficaz de aplicar esta antigua filosofía a la vida cotidiana actual.

Donald J. Robertson, autor del prólogo, ha publicado seis libros, incluido *Cómo pensar como un emperador romano* y la novela gráfica *Verissimus*, sobre la vida y la filosofía de Marco Aurelio. Es psicoterapeuta cognitivo-conductual, escritor y formador especializado en la relación entre la filosofía, la psicología y la superación personal.

NOTAS

NOTAS

NOTAS

NOTAS

LAS LEYES DIARIAS de ROBERT GREENE

Durante 25 años, Robert Greene ha ofrecido lecciones sobre aspectos humanos como el poder, la seducción, la estrategia y la psicología. "Las leyes diarias" recopila su sabiduría en 366 meditaciones, una para cada día del año, que abarcan temas como el liderazgo, la adversidad y la productividad, entre otros. Ryan Holiday se inspiró en este libro para escribir su bestseller "Diario para estoicos".

CÓMO CRIAR HIJOS CON FORTALEZA MENTAL de DANIEL AMEN

El Dr. Daniel Amen y el Dr. Charles Fay fusionan neurociencia, amor y lógica en este innovador libro sobre crianza. Proporcionan herramientas prácticas para abordar problemas de comportamiento, ayudando a los niños a ser responsables, resilientes y capaces de tomar buenas decisiones. Los padres aprenderán a fomentar la salud mental y el potencial de sus hijos.

LAS LEYES DE LA NATURALEZA HUMANA de ROBERT GREENE

Del autor de "Las 48 leyes del poder", bestseller del New York Times, llega la nueva obra de Robert Greene, que te ayudará a comprender el comportamiento humano. A través de ejemplos como Pericles y Martin Luther King Jr., Greene ofrece tácticas para desarrollar la empatía, dominar el autocontrol y ver más allá de las apariencias, promoviendo el éxito y la superación personal en diversas áreas de la vida.

EL LIBRO DE LOS ANIMALES Y SUS SECRETOS de DAVID B. AGUS

David B. Agus, autor bestseller del New York Times, explora cómo los animales pueden enseñarnos a vivir vidas más largas, saludables y felices. Ofrece consejos prácticos basados en la naturaleza para mejorar la salud y el bienestar. Esta guía motivadora y reveladora destaca la importancia de la investigación científica y cómo el mundo animal puede inspirarnos para comprender mejor la salud humana.

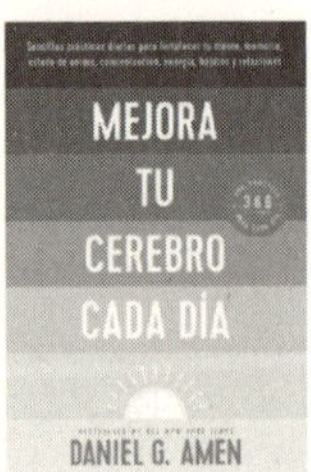

MEJORA TU CEREBRO CADA DÍA de DANIEL G. AMEN

366 prácticas diarias para mejorar tu cerebro, tu mente y tu vida. Daniel G. Amen, psiquiatra y neurocientífico con más de 40 años de experiencia, comparte hábitos diarios para mejorar el cerebro, potenciar la memoria y aumentar la felicidad. Estos hábitos promueven la gestión de la mente, la superación del estrés, la búsqueda de propósito y el aprendizaje para una vida saludable y exitosa.

INTELIGENCIA EMOCIONAL, 3ª EDICIÓN de HARVARD

La nueva edición revisada y ampliada, con información actualizada por Daniel Goleman y otros investigadores, ofrece herramientas para mejorar el bienestar y la satisfacción personal a través de la gestión emocional. Con un nuevo capítulo sobre el manejo del estrés y las conexiones emocionales en el trabajo, aprenderás a gestionar tus emociones y mejorar tus relaciones.

DIARIO PARA PADRES ESTOICOS de RYAN HOLIDAY

Del autor del bestseller 'Diario para estoicos', presentamos este nuevo libro, especialmente dirigido a aquellas personas interesadas en utilizar las valiosas enseñanzas y principios de la filosofía estoica en la crianza de sus hijos. 'Diario para Padres Estoicos' te brinda una perspectiva fresca y consejos prácticos para cada etapa del emocionante y desafiante viaje en la vida de tus hijos.

PALABRAS MÁGICAS de JONAH BERGER

"Palabras mágicas" nos enseña cómo las palabras que elegimos influyen en los resultados que deseamos lograr. Sumérgete en un fascinante viaje para descubrir el inmenso poder que las palabras y el lenguaje tienen sobre los resultados que quieres alcanzar en tu vida personal y profesional. Aprende a transformar tus habilidades de comunicación para lograr el éxito y alcanzar tus metas de manera efectiva y duradera.

TU MEJOR VERSIÓN EN 12 SEMANAS de SANJAY GUPTA

Una guía transformadora con un enfoque paso a paso para cambiar hábitos arraigados y mejorar nuestra calidad de vida. Al seguir estos consejos, podremos reducir la ansiedad, mejorar el sueño y aumentar la energía, la claridad mental y la resistencia al estrés. Esta guía esencial nos permite adoptar comportamientos saludables y experimentar una transformación en solo 12 semanas.

DIARIO PARA ESTOICOS de RYAN HOLIDAY

Una guía fascinante para transmitir la sabiduría estoica a una nueva generación de lectores y mejorar nuestra calidad de vida. Su Agenda es un complemento perfecto para una reflexión más profunda sobre el estoicismo, así como indicaciones diarias y herramientas estoicas de autogestión.

Disponibles también en formato **e-book.**

Solicita más información en revertemanagement@reverte.com
www.revertemanagement.com
@revertemanagement

Gracias

REM*life*